Vor der

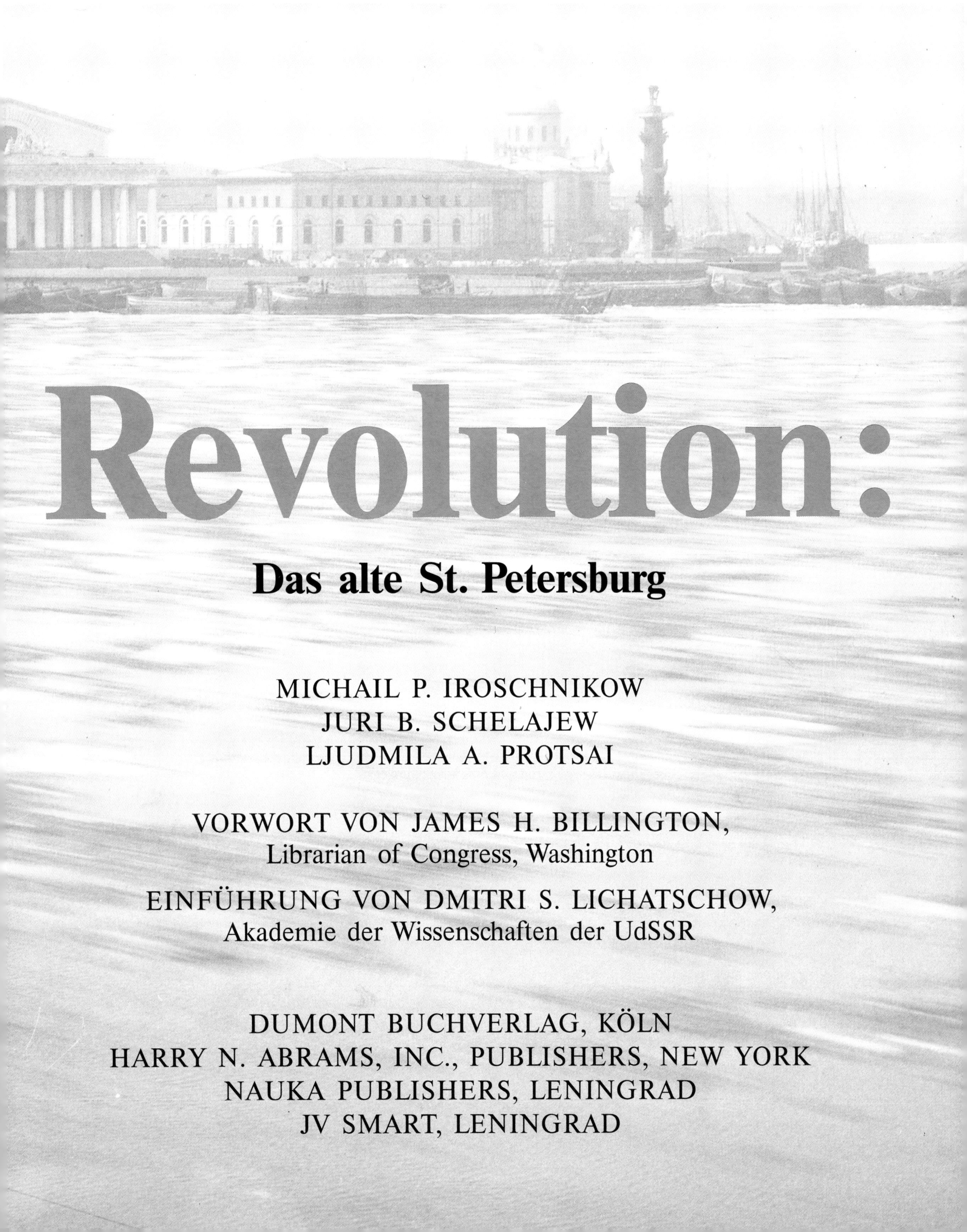

Revolution:

Das alte St. Petersburg

MICHAIL P. IROSCHNIKOW
JURI B. SCHELAJEW
LJUDMILA A. PROTSAI

VORWORT VON JAMES H. BILLINGTON,
Librarian of Congress, Washington

EINFÜHRUNG VON DMITRI S. LICHATSCHOW,
Akademie der Wissenschaften der UdSSR

DUMONT BUCHVERLAG, KÖLN
HARRY N. ABRAMS, INC., PUBLISHERS, NEW YORK
NAUKA PUBLISHERS, LENINGRAD
JV SMART, LENINGRAD

Während der Drucklegung dieses Buches erhielt die mehrfach umbenannte Stadt an der Newa ihren ursprünglichen Namen **St. Petersburg** zurück. Aus produktionstechnischen Gründen konnte diese Änderung nur im Text des Schutzumschlages berücksichtigt werden. Wir bitten unsere Leser um Verständnis.

Die Deutsche Bibliothek - CIP-Einheitsaufnahme
Vor der Revolution: das alte St. Petersburg / Michail P. Iroschnikow; Juri B. Schelajew; Ljudmila A. Protsai. Vorw. von James H. Billington. Einf. von Dmitri S. Lichatschow. [Aus dem Amerikan. übers. von Franca Fritz und Heinrich Koop]. – Köln: DuMont; New York: Abrams; Leningrad: Nauka Publ.; Leningrad: Smart, 1991
Engl. Ausg. u. d. T.: Before the revolution, St. Petersburg in photographs
ISBN 3-7701-2785-4
NE: Irošnikov, Michail P.; Šelaev, Jurij B.; Procaj, Ljudmila A.

Titel der amerikanischen Originalausgabe:
Before the Revolution. St. Petersburg in Photographs: 1890–1914

Aus dem Amerikanischen übersetzt von Franca Fritz und Heinrich Koop
Gestaltung: Alexander W. Lobanow
Abzüge der Originalnegative wurden vom Zentralen Staatsarchiv für Film- und Photodokumentation in Leningrad zur Verfügung gestellt.

Satz: Fotosatz Harten, Köln
Printed and bound in Finland ISBN 3-7701-2785-4

Inhalt

ST. PETERSBURG DURCH DIE KAMERALINSE BETRACHTET
Von James H. Billington

Dieser Bildband ist ein außergewöhnliches und in vielerlei Hinsicht einzigartiges Dokument einer der großen Städte der Welt – einer Stadt, die eine Beschreibung herausfordert und sich ihr zugleich entzieht.

Noch nicht einmal ihres Namens ist sich die Stadt sicher. Der in der Sowjetunion geschriebene Begleittext zu den Photographien nennt sie »Petersburg« und macht damit deutlich, daß es nicht um einen weiteren historisch verzerrten Rückblick auf das alte Leningrad geht – als würde die Identität der Stadt durch den Revolutionsführer charakterisiert, dessen Ära dem hier geschilderten Zeitabschnitt folgte. Der formelle Name lautete jedoch »Sankt Petersburg« (1914 slawisiert zu »Petrograd« – dieser Name galt bis zu Lenins Tod), und die volkstümliche Bezeichnung war »Piter«.

Peter der Große, der die Stadt im Jahre 1703 gründete, machte sie 1712 zur Hauptstadt des Russischen Reiches; er sah in Petersburg nicht nur ein Fenster zum Westen, sondern einen Konkurrenten Roms und sogar ein neues Jerusalem. Dagegen betrachteten die bedeutenden Schriftsteller, die in und über Petersburg schrieben, die Stadt als ein neues Babylon. Petersburg war ein Ort, der mit seinen großen, freien Plätzen eher für Militärparaden denn für Menschen konzipiert schien. Den einfachen kleinen Mann aus der russischen Literatur schüchterten die überlebensgroßen Reiterstatuen der Zaren ein, und die Wasserfluten, die sich wieder und wieder aus dem nördlichen Ödland in den Finnischen Meerbusen ergossen, wurden von den russischen Traditionalisten ausnahmslos als Strafe Gottes gesehen. Solschenizyn nennt die Stadt entweder »Newagrad« oder »Sumpfstadt« – diese Bezeichnung kommt den ersten Namen für das Gebiet sehr nahe: Finnische Fischer hatten sie geprägt, als sie hier ihre Lager aufschlugen und das Gelände als untauglich für eine ständige Besiedlung einstuften.

Die hier gezeigte Stadt ist jedoch nicht einfach eine Mischung der beiden vertrauten Bilder, die uns die Geschichte hinterlassen hat, nicht nur das imperiale Zentrum großartiger klassizistischer und barocker Architektur, voller Hinweise auf die spukhafte, unmenschliche Stadt der literarischen Phantasie. Beides findet sich hier, doch vor allem vermittelt diese enzyklopädische Sammlung von Schwarzweißphotographien einen Eindruck von Lebenskraft und Zuversicht inmitten sozialer Umwälzungen und dramatischer Widersprüche.

Auf den Bildern sehen wir mythologische Löwen und Adler, klassische Götter und Zarenstatuen, die die Dächer, Triumphbögen und Granitsäulen in der Hauptstadt des größten Reiches der Welt schmücken. Aber darunter, auf den Straßen, finden wir auch reges Treiben und gewöhnliche Menschen, die in einer Zeit steigenden Lebensstandards und sozialer Verbesserungen den unterschiedlichsten Tätigkeiten nachgehen. Auch die allgegenwärtige Kälte (die Stadt liegt auf dem gleichen Breitengrad wie der nördlichste Punkt Labradors) und die alles durchdringende Feuchtigkeit kann man sehen, ja beinahe fühlen.

Die Photographie kann das realistische Medium par excellence sein. Daher ist es vielleicht ganz angemessen, daß diese Bilder eines aufstrebenden, bürgerlichen Petersburg eine Identität zu dokumentieren scheinen, die der Begründer der russischen »natürlichen Schule«, Wissarion Belinski, beschrieben hat. Über fünfzig Jahre vor dem Entstehen dieser Photos sah er in Petersburg mehr als die offizielle Stadt, die von den Kaiserinnen Elisabeth und Katharina II. im 18. Jahrhundert in großem Stil erbaut worden war, und mehr als den sich langsam herausbildenden Sitz der inoffiziellen Intelligenzija, die er selbst etablieren half. Für Belinski war Petersburg »eine neue Stadt in einem alten Land«, eine »mächtige Eiche, die alle Lebenssäfte Rußlands in sich konzentriert«. Es war eine Stadt, die »nicht an Worte glaubt, sondern Taten verlangt«.

Die Photographien belegen die Lebendigkeit und die Vielfalt der Aktivitäten während der letzten Tage von St. Petersburg. Sie zeigen den Alltag in einer Zeit rapiden wirtschaftlichen Wachstums, aufkommender reformistischer Unruhen und außergewöhnlicher kultureller Experimente. Moskau war im Begriff, Petersburg als größte Stadt des Reiches zu überflügeln – und sollte es als Hauptstadt ersetzen, nachdem der erste Weltkrieg zu Revolution und Bürgerkrieg geführt hatte. In »Leningrad« umbenannt, litt die Stadt zuerst unter den erbarmungslosen Säuberungsaktionen Stalins, im zweiten Weltkrieg dann unter der Blockade Hitlers. Auch wenn ein Großteil der Innenstadt erhalten blieb und einige der aufsehenerregenden Bauten in der Umgebung restauriert wurden, ist die heutige Stadt nicht mehr jener dynamische Schauplatz rapider Veränderungen und vielfältiger Möglichkeiten, der in der letzten Phase des Zarenreiches existierte und von Photographen getreulich festgehalten wurde.

Diese Stadtgeschichte in Bildern zeigt uns die Verwendung neuer Techniken (z. B. an den Brücken), das Aufkommen des Jugendstils an Geschäftsgebäuden, das Wachsen einer freieren Wirtschaft. Wir sehen Passanten die Brücken fröhlich überqueren, sehen nach Individualität strebende Gebäude am Newski-Prospekt, die wimmelnde Vielfalt sowohl der Menschen als auch der Sprachen und Schriftzeichen der Reklameschilder am Gostiny Dwor.

Es ist zugleich die uns vertraute Welt alter Familienphotos und eine Welt, die wir nie verstehen werden. Selbst im kosmopolitischen Petersburg herrschte eine weit größere ethnische Uniformität als in einer beliebigen amerikanischen Großstadt. 85 Prozent der Bevölkerung waren Großrussen, 75 Prozent männlichen Geschlechts. Je mehr sich das Mekka der Militärs und Beamten zu einer Industrie- und Handelsstadt wandelte, desto abhängiger wurde es auch von Saisonarbeitern, die ihre Familien häufig auf dem Lande zurückließen. Daher also das Überwiegen von Männern auf diesen Bildern.

Die Photos geben mehr als nur einen Hinweis auf die Zuneigung, die man der zaristischen Tradition und der russisch-orthodoxen Kirche selbst in der westlichsten und weltlichsten Ecke des Russischen Reiches entgegenbrachte. Wir sehen wiederholt Bilder von gewöhnlichen Menschen, die sich zwanglos an den Prozessionen der Kirche und an den Feiern des Jahres 1913 – anläßlich der Dreihundertjahrfeier der Dynastie Romanow – erfreuen. Zugleich vermitteln uns die Aufnahmen ein Bild von den barackenähnlichen Behausungen der Arbeiter und von den Betrieben, in denen die ersten Frauen schufteten. Schließlich gibt es noch die langsam entstehende Welt dazwischen: eine amorphe mittlere Schicht, in der untergehende Aristokratie und aufsteigendes Bürgertum die alte Autokratie zu reformieren suchten. Wir sehen Aufnahmen von Volksvertretungen, die sich einem echten Parlament zumindest annähern – Bilder, die ebenfalls aus dem Petersburg der damaligen Zeit stammen.

Die Photographien vermitteln uns ein ausgesprochen lebendiges Bild von der Konkurrenz alter und neuer Technik in einer Zeit der Umwälzungen. Wir sehen die vielfältigen Formen alltäglicher Schlitten und aristokratischer Kutschen, die miteinander um das Transportwesen wetteiferten, während zugleich Automobile und Straßenbahnwagen aufkamen; und wir sehen, wie Segelboote, Lastkähne, Dampfer und Kriegsschiffe die Wasserwege dieses Ostseehafens und Marinestützpunktes füllen. Den zentralen Punkt der Stadt bildet die Admiralität, und ihr Wahrzeichen ist (wie das der Peter-Pauls-Kathedrale) nicht eine Kuppel auf festem Boden, sondern eine Turmspitze über dem Wasser.

Großer Photographie gelingt es mitunter, inmitten aller Besonderheiten einer Zeit und eines Ortes Archetypen festzuhalten – wie in der Aufnahme des einsamen Jungen im Schnee mit der schiefsitzenden Mütze oder wie im Bild des Zaren, der allein und seltsam klein auf dem Balkon steht.

Dieses Buch ist keine bloße Zierde für einen Couchtisch, sondern eine Dokumentation, die auf mehreren Ebenen studiert und genossen werden will. Für die Schwarzweißphotographie ist dieses Zeugnis der Hauptstadt fast genauso bemerkenswert wie jene Dokumentation des gesamten Russischen Reiches, die im Auftrag des Zaren in Farbe angefertigt wurde und sich heute in der Prochudin-Gorski-Sammlung der Library of Congress befindet. Die Bilder sind so lebendig, daß man förmlich die Begleitgeräusche hört (eine Mischung aus Musikkapellen, Glocken und dem Lärm der Industriebetriebe, aus dem Sausen des Windes auf den großen Plätzen und dem Rascheln von Laub in den Parks) und sogar nach den Gerüchen verlangt – von Seeluft, Pferdemist und neuzeitlichen Benzindämpfen.

Die Dokumentation umfaßt auch Bilder von Gebäuden, die später von sowjetischen Städteplanern gedankenlos abgerissen wurden; allerdings wird das Ausmaß dieser sinnlosen Zerstörung nicht ganz deutlich, bilden doch die bekannteren, noch erhaltenen Bauwerke den Schwerpunkt. Es ist ein Tribut an das alte Petersburg, daß einer seiner letzten Überlebenden, der über achtzigjährige Erforscher des alten Rußlands, Dmitri Lichatschow aus Leningrad, zur führenden Persönlichkeit der Bewegung zur Restaurierung historischer Gebäude in der UdSSR geworden ist.

Kein Dokument – gleich welcher Art – kann die Vergangenheit in all ihrer Fülle wiederbringen; und niemand kann sagen, was die wahre Identität – oder auch nur der passendste Name – dieser einzigartigen Stadt im Nachsommer imperialer Geschichte sei. Aber jeder wird dankbar sein für dieses reiche Zeugnis dessen, was die Stadt ausmachte, davon, wie ihre Menschen in einer Zeit innerer Unruhen und Umwälzungen zu Beginn des Jahrhunderts lebten, bevor sie in die unerbittliche Welt des totalen Krieges und eines totalitären Friedens hineingerissen wurden.

DAS PETERSBURG MEINER KINDHEIT
Von Dmitri S. Lichatschow

Petersburg und Leningrad sind verschiedene Städte. Natürlich nicht in jeder Hinsicht; doch die verbliebenen Ähnlichkeiten machen die Unterschiede um so deutlicher.

Die Eindrücke aus meiner frühen Kindheit: Lastkähne, Lastkähne, Lastkähne, überall auf der Newa, ihren Nebenarmen und Kanälen. Arbeiter luden die Brennholz- und Ziegelsteinfracht auf Schubkarren, die sie über schmale Eisenstege zum Ufer schoben. Das Gitter am Kai war an vielen Stellen geöffnet, hier und da auch ganz entfernt. Die Ziegel wurden sofort abtransportiert, während das Brennholz zuerst an den Kais gestapelt und dann auf Karren verladen und zu den Holzmärkten gebracht wurde, die in der ganzen Stadt, an den Kanälen und an den Newaarmen zu finden waren. Brennholz gab es zwar immer zu kaufen, aber die meisten legten ihren Vorrat im Herbst an. Mit langen Staken wurden die Lastkähne in den Kanälen vorangetrieben. Es war ein faszinierender Anblick, wie die stämmigen Burschen in ihren Bastschuhen (die rutschfester und wesentlich billiger waren als Stiefel), die Stange in die Schulter gestemmt, vom Bug zum Heck gingen und dabei das Schiff vorwärtsschoben. Am Heck angekommen, kehrten sie zum Bug zurück, wobei sie das eine Ende des Stakens durch das Wasser hinter sich herzogen.

Am Schwanengraben neben dem Sommergarten legten große Kähne mit Irdenware an – Krüge, Teller, Becher und manchmal Spielzeuge, darunter die besonders beliebten Trillerpfeifen aus Ton. Hin und wieder gab es auch Holzlöffel, die wie die anderen Waren vom Onegasee kamen.

Boote und Kähne schaukelten leise; die Newa wiegte die Masten der Schoner, die Lastkähne, die Ruderboote, mit denen man für eine Kopeke übersetzen konnte, und die Schleppdampfer, deren Schornsteine beim Passieren der Brücken gekippt werden mußten. An der Krestowski-Brücke über die Große Newka und in der Nähe der Tutschkowbrücke über die Kleine Newa gab es einen ganzen Wald schwankender Masten.

Alles schien zu schaukeln und zu schlingern. Eine Fahrt in einer Pferdedroschke oder mit einem Schlitten war wacklig; das Überqueren der Newa in einem Ruderboot war wacklig; die Fahrt über Kopfsteinpflaster rüttelte einem die Seele aus dem Leib. Hatte man aber das Steinplattenpflaster auf dem »Königsweg« vom Winterpalast bis nach Zarskoje Selo, dem Newski-Prospekt, der Bolschaja- und der Malaja-Morskaja-Straße und vor den prächtigen Palais erreicht, dann ging es sanft und fast geräuschlos voran.

Die meisten öffentlichen Gebäude waren dunkelrot; die blank geputzten Fenster glänzten neben den roten Mauern. Von den zahlreichen spiegelnden Schaufensterscheiben zersprangen viele während der Belagerung Leningrads. Der Winterpalast, das Generalstabsgebäude und das Gardekorpsgebäude waren dunkelrot. Das Gebäude des Senats und des Heiligen Synods war rot. Die Mauern des Litauischen Schlosses – des gräßlichen Untersuchungsgefängnisses – waren rot. Nur die Admiralität – gelb und weiß – durchbrach diese Regel. Die anderen Gebäude waren ebenfalls in dunklen Tönen gestrichen. Aber man konnte die Gebäude kaum richtig sehen; die Fassaden verschwanden hinter Aushängetafeln und Reklameschildern. Die Straßenbahnleitungen hatte man sorgfältig so befestigt, daß »keine Eigentumsrechte verletzt« wurden: nicht an den Wänden, sondern an Masten, die viel Platz auf der Straße einnahmen. Und das nicht nur in gewöhnlichen Straßen: Selbst der Newski war bis zum dritten Stockwerk von Straßenbahnpfählen, Aushängetafeln und Reklameschildern verdeckt. Sie überschwemmten den Liteiny- und den Wladimirschen Prospekt, das Stadtzentrum. Manche Reklametafeln waren recht ansehnlich. Lediglich die Plätze blieben verschont, wodurch sie noch größer und verlassener wirkten. In den schmalen Gassen hingen an den Wänden Brezeln, goldene Kuhköpfe, riesige Pincenez, überdimensionale Stiefel und Scheren – Reklamezeichen der verschiedensten Gewerbe. Markisen auf Metallträgern überdachten das Trottoir. Längs der Bürgersteige stand eine Reihe Pfosten; vor vielen alten Gebäuden hatte man statt dessen Gewehrläufe in den Boden gerammt. Beides schützte die Fußgänger davor, von Pferdekarren und Droschken überfahren zu werden. Aber diese ganze Ausstaffierung beeinträchtigte den Anblick der Straße; dazu kamen noch die Straßenlaternen. Die Laternenanzünder kletterten auf Leitern, um die Lampen anzustecken, zu löschen, zu füllen und zu reinigen.

Anläßlich zahlreicher kirchlicher und zaristischer Feiertage wurde geflaggt; in der Bolschaja und der Malaja Morskaja hängte man die Flaggen an Seilen quer über die Straße.

Die Erdgeschosse der Gebäude entlang den Hauptstraßen waren eine Augenweide. Ihre blitzsauberen Haupteingangstüren hatten Griffe aus glänzendem Kupfer (in den zwanziger Jahren wurden sie abmontiert und für den Bau des Wolchow-Wasserkraftwerks verwendet). Die Bürgersteige waren ordentlich gefegt, und unter den Regenrohren standen grüne Fässer oder Eimer, damit sich das Wasser nicht auf den

Bürgersteig ergoß. Geleert wurden sie von Hauswarten mit weißen Schürzen. Alle paar Minuten tauchte ein Portier in einer marineblauen, goldbetreßten Livree auf, um frische Luft zu schnappen – nicht nur in den Palais, sondern auch in vielen Mietshäusern gab es einen Portier.

Die funkelnden Schaufenster waren besonders aufregend, vor allem für Kinder, die ihre Mütter am Ärmel zu den Fenstern der Spielzeugläden mit ihren Zinnsoldaten und Eisenbahnen zogen. Eines der interessantesten Geschäfte, »Donikow«, befand sich in der Ladenpassage Gostiny Dwor am Newski; es war berühmt für seine Auswahl an Zinnsoldaten. In den Fenstern der Apotheken standen große Glasgefäße mit grünen, blauen, gelben oder roten Flüssigkeiten. Am Abend stellte man Lampen dahinter, so daß die Apotheken schon von weitem zu sehen waren.

Einige der teuersten Geschäfte lagen auf der »Sonnenseite« des Newski (»Sonnenseite« war die beinahe offizielle Bezeichnung für die Seite mit geraden Hausnummern). Ich erinnere mich an die Etalagen des Juweliergeschäfts »Teta«; in der Mitte des Schaufensters befand sich eine kunstreiche Vorrichtung mit rotierenden Lampen, in deren Licht die Diamanten glitzerten.

Statt einer Asphaltdecke hatten die Bürgersteige vielfach einen Kalksteinplattenbelag, während die Fahrbahnen Kopfsteinpflaster besaßen. Kalksteinplatten waren schwierig herzustellen und teuer, aber sie sahen wunderschön aus, wenn auch nicht so schön wie die riesigen Granitplatten auf dem Newski, die heute noch auf der Anitschkowbrücke zu finden sind. Viele der Steinplatten wurden später zur Isaakskathedrale verbracht. In den Außenbezirken bestanden die Gehwege manchmal aus Holzbohlen; viele Schriftsteller haben sie beschrieben. Sie waren schön und praktisch; allerdings verursachten sie während der Überschwemmung im Jahre 1924 schwere Unfälle, da sie vom Wasser hochgespült wurden und im Wegtreiben Menschen mit sich rissen. Außerhalb Petersburgs lagen häufig Abflußrinnen unter den Gehwegen, so daß man in die Gosse fallen konnte, wenn die Bohlen abgenutzt waren. In Petersburg aber gab es keine Abflußrinnen unter den Bohlen. Das Kopfsteinpflaster mußte gereinigt und in Ordnung gehalten werden. Im Sommer besserte Arbeiter es aus und verlegten neue Steine. Zunächst bereiteten sie ein Sandbett, dann fixierten sie die Steine mit schweren Hammerschlägen. Sie verrichteten ihre Arbeit im Sitzen; die Füße und die linke Hand hatten sie mit schützenden Lappen umwickelt. Ihr Anblick erregte unweigerlich Mitgefühl. Dabei leisteten sie gute Arbeit und fügten die Steine exakt aneinander, mit der flachen Seite nach oben. Diese Arbeiter verstanden ihr Handwerk. Das granitene Kopfsteinpflaster in St. Petersburg war besonders schön; ich mochte es am liebsten, wenn es nach einem Regenguß oder nach dem Reinigen naß glänzte.

Und die Geräusche von Petersburg! Zuerst das Klappern der Hufe auf dem Kopfsteinpflaster; selbst Puschkin ließ seinen »Ehernen Reiter« über das Pflaster sprengen.

Die Hufe der Droschkenpferde verursachten ein sanftes Geräusch, das wir Jungen durch Zungenschnalzen kunstfertig imitierten, wenn wir Pferd und Reiter spielten – unser liebstes Freizeitvergnügen. Regisseure von Historienfilmen versuchen dieses Hufgeräusch nachzuahmen – aber ob sie wohl wissen, daß es je nach Wetter unterschiedlich klang? Ich weiß noch genau, daß der Platz vor dem Finnischen Bahnhof, wenn wir im Herbst von unserer Datscha in Kuokkala zurückkamen, vom »nassen Hufklappern« nur so widerhallte. Dann gab es da das leise Rumpeln von Rädern, die über Holzpflaster rollten, und das gedämpfte Klappern der Hufe auf der anderen Seite der Liteiny-Brücke. Droschkenkutscher riefen unachtsamen Fußgängern Warnungen zu; die Zügel machten ein klatschendes Geräusch, wenn die Fuhrleute ihre Pferde antrieben. Zeitungsverkäufer schrien die Namen der Zeitungen und während des ersten Weltkriegs auch die Schlagzeilen heraus.

Auf der Newa tuteten die Dampfschiffe; allerdings gab es die für die Wolga so charakteristischen Rufe durch den Schalltrichter nicht – offensichtlich war das in Petersburg untersagt. Auf der Fontanka tuckerten kleine Dampfer der Finnischen Schiffahrtslinie; man konnte den Heizer sehen und das Zischen des Dampfs und die Befehle des Kapitäns hören.

Eines der häufigsten Geräusche auf den Straßen Petersburgs vor dem ersten Weltkrieg war das Bimmeln der Straßenbahnen. Ich konnte vier Klingellaute unterscheiden: Der erste ertönte, bevor die Bahn anfuhr. Der Schaffner – vor dem ersten Weltkrieg immer in Uniform – stieg an jeder Haltestelle von der hinteren Plattform und ließ die Fahrgäste einsteigen. Dann trat er wieder auf die Plattform und zog an einem Seil, das mit einer Klingel in der Fahrerkabine verbunden war. Nach diesem Signal fuhr die Bahn los. Das Seil lief durch den ganzen Wagen und war an einer Metallstange befestigt, von der Lederschlaufen herabhingen, an denen sich die Passagiere festhielten. Der Schaffner konnte die

Klingel von jeder Stelle des Wagens aus betätigen. Das war das zweite Klingelzeichen. Der Fahrer besaß eine weitere Klingel, die er mit dem Fuß in Gang setzte, wenn er Passanten warnen wollte. Wo immer Straßenbahnen fuhren, war diese durchdringende Klingel zu hören. Später kamen dann elektrische Klingeln auf; lange Zeit gab es sowohl fuß- als auch handbetriebene elektrische Klingeln. Die Brust des Schaffners war mit Fahrkartenrollen in unterschiedlichen Farben geschmückt. Es gab Fahrkarten für bestimmte Streckenabschnitte und weiße Umsteigefahrkarten. Wenn ein Streckenabschnitt endete und neue Fahrkarten gekauft werden mußten, rief der Schaffner: »Gelbe Fahrkarten, halt!« oder »Grüne Fahrkarten, halt!« oder »Rote Fahrkarten, halt!« Ich werde mich bis ans Ende meiner Tage an den Klang seiner Stimme erinnern, denn ich fuhr täglich mit der Bahn zur Schule.

Häufig war Militärmusik zu hören: sonn- oder feiertags ein Regiment auf dem Weg zur Kirche, die Beerdigung eines Generals, die tägliche Wachablösung des Preobraschenskischen und des Semjonowskischen Garderegiments vor dem Winterpalast. Buben liefen in Scharen herbei, wenn die Kapellen spielten. Besonders lustig war es, wenn die Soldaten nach einer Beerdigung vom Friedhof kamen – dann spielte die Kapelle fröhliche Musik. Flotte Märsche erklangen, wenn die Truppen zur Kirche zogen (natürlich nicht während der Fastenzeit). Leisere Geräusche machten die Sporen an den Stiefeln; die Offiziere legten ganz besonderen Wert auf das Klirren ihrer oft aus Silber gefertigten Sporen.

Am Newski und speziell am Gostiny Dwor an der Ecke Newski und Gartenstraße konnten die Kinder Luftballons in allen möglichen Farben kaufen: Rot, Grün, Blau, Gelb. Die größten Ballons waren weiß mit aufgemalten Hähnen. Immer drängte sich eine Menschenmenge um die Verkäufer. Sie waren schon von weitem an den Bündeln bunter Luftballons über ihren Köpfen zu erkennen.

Zu meiner Zeit wurden »sbiten« schon nicht mehr verkauft, aber mein Vater erinnerte sich noch daran und erzählte mir gern davon. Sbiten war ein Getränk aus heißem Wasser, Honig und Gewürzen, meistens Zimt, das besonders bei Frostwetter sehr anregend wirkte. Der Sbitenverkäufer trug seinen mit dicken Tüchern umwickelten Samowar so auf dem Rücken, daß sich der Zapfhahn unter seinem linken Ellbogen befand.

Da nicht jeder eine Uhr besaß, ertönte morgens das Geheul der Fabriksirenen, die die Menschen zur Arbeit riefen, in den Vorstädten und besonders auf der Wyborger Seite. Jede Fabrik hatte eine andere Sirene; der Klang wirkte alarmierend und störend.

Als Kind war ich ganz darauf versessen, in alle Häuser hineinzuschauen, aber meist mußte ich mich mit den Erzählungen der Erwachsenen begnügen. An die Geschäfte erinnere ich mich allerdings gut. Oft nahm meine Mutter mich zum Kolonialwarenhändler (Kaffee, Tee, Zimt und dergleichen), zum Lebensmittelgeschäft, zum Tuch- und Kurzwarenhändler Surow, zum Bäcker, zum Süßwarenladen und zum Schreibwarenhändler mit. Die Verkäufer nannte man »prikastschiki«, Kommis. Ich erinnere mich an das geschulte Personal in den Buttergeschäften. Die Gehilfen standen ein wenig vom Ladentisch entfernt, die Hände auf dem Rücken. Wenn ein Kunde das Geschäft betrat, ging der Verkäufer einen Schritt auf ihn zu und ließ die Hände sinken. Der Kunde mußte ihn dann selbst ansprechen. Man durfte Butter und Käse von der Spitze eines langen Messers kosten.

Die ersten Kinos: Nur noch wenige erinnern sich an das »Mirage« auf der schmalen Offiziersstraße gegenüber unserem Haus; es war aus verschiedenen Ladenlokalen entstanden. Samstags ging die ganze Familie ins »Soleil« auf dem Newski, im selben Gebäude wie die Passage, direkt an der Gartenstraße. Für dieses Kino hatte man mehrere Wohnungen umgebaut. Neben dem Hauptfilm (ich erinnere mich an *Napoleons hundert Tage* und den *Untergang der Titanic,* einen Dokumentarfilm, den der Kameramann auf dem sinkenden Schiff aufgenommen hatte; er filmte, bis die Lichter ausgingen, und drehte auch im Rettungsboot) gab es Komödien (mit Max Linder, Maciste und anderen) und »Landschaftsfilme«, bei denen die Bilder häufig von Hand in leuchtenden Farben gemalt waren: Rot, Grün (für Pflanzen) und Blau (für den Himmel). Eines Tages gingen wir in ein Kino am Newski; es hieß, glaube ich, »Parisiana« oder »Piccadilly«. Ich war hingerissen von den livrierten Platzanweisern, die wohl sogar eine Perücke trugen.

Meine Eltern nahmen mich häufig ins Marientheater mit, wo sie zwei Logenplätze im ersten Rang abonniert hatten. Die Vorstellungen waren jedesmal ein gesellschaftliches Ereignis – und das war schließlich der Zweck. Die Damen präsentierten ihre Juwelen. Sie saßen ganz vorn in den Logen und fächelten sich; nicht wegen der Hitze, sondern um ihre Diamanten ins rechte Licht zu setzen. Während der Ballettaufführung war die Beleuchtung nur leicht gedämpft. Diamantglitzernd stürmte die Kschessinskaja auf die

Bühne. Offiziere stolzierten meist erst zum zweiten Akt herein; in den Pausen versuchten sie, die Aufmerksamkeit auf sich zu ziehen, indem sie sich am Orchestergraben aufhielten, und nach der Vorstellung warfen sie im Foyer den Damen Blicke zu. Mein erstes Ballett war der *Nußknacker.* Den stärksten Eindruck auf mich machte der Schnee – im Warmen!

An Karfreitag und in der Osternacht gingen wir in die Kirche des Amtes für Post- und Telegraphenwesen (wo mein Vater Bürovorsteher war) in der Postamtsstraße. Wir ließen unsere Mäntel in der Garderobe und stiegen in den ersten Stock. Der Parkettboden des Kirchenraums war sorgfältig gebohnert; elektrische Lampen hatte man hinter dem Gesims versteckt. Auch die Kerzen vor den Ikonen waren elektrisch, was bei einigen Gemeindemitgliedern auf Mißbilligung stieß. Mein Vater war jedoch sehr stolz auf diese Neuheit – seine Idee! Sobald eine Familie eintrat, brachte ein Diener sofort Stühle, damit man sitzen konnte, wenn die Liturgie es zuließ. Später habe ich erfahren, daß auch die Nabokows diese Kirche besuchten. Ich muß also Vladimir Nabokov gesehen haben; er war ein paar Jahre älter als ich.

Die sozialen Unterschiede in Petersburg sprangen ins Auge.

Beim Bau eines Hauses schleppten die Arbeiter die Ziegelsteine auf dem Rücken und kletterten damit geschickt auf dem Baugerüst umher, das statt Stufen Holzplanken besaß. Hausbesorger packten sich Holzscheite auf und trugen sie über die Hintertreppen der Mietshäuser. Tatarische Lumpensammler kamen in den Hof und riefen »Chalat-chalat!« Manchmal fanden sich auch Leierkastenmänner ein, und einmal habe ich Petruschka gesehen, das russische Pendant zum Kasperle. Allerdings war ich doch bestürzt über seine unnatürlich dünne Stimme (der Mann hatte ein Gerät im Mund, mit dem er seine Stimme verändern konnte); von der Taille an verdeckte ihn ein Sichtschirm.

Wir haben uns auch die hundertjährigen Grenadiere der Goldenen Kompanie angesehen, die am Denkmal Nikolaus' I. Wache hielten. Diesem Zaren hatten sie auch gedient. Die letzten am Leben gebliebenen Soldaten waren aus ganz Rußland in die Hauptstadt gebracht worden.

Petersburg war eine Stadt, deren dunkle Schönheit sich in den Palästen und hinter den Reklametafeln versteckte. Nachts war der Winterpalast dunkel; die Zarenfamilie lebte im Alexanderpalais in Zarskoje Selo. So verlor das heitere Rokokogebäude nachts viel von seiner Fröhlichkeit und wirkte schwer und düster. Die Peter-Pauls-Festung gegenüber war ebenfalls in Dunkelheit gehüllt. Die schwertgleiche Turmspitze der Kathedrale erschien angsteinflößend.

Die Kanäle, die sich durch das regelmäßige Muster der Straßen schlängelten, durchbrachen die majestätische Ordnung. Der Alexanderpark schräg gegenüber der Admiralität bot allerlei Vergnügungen für die Kinder (Rentierschlittenfahrten im Winter, Zoo und Goldfischteiche im Sommer), während die umliegenden Palais als Gouvernanten zuschauten. Beim leisesten Windhauch wirbelte Staub auf dem Marsfeld auf, und das Michaelsschloß schien mit einem Auge zu zwinkern, da das Fenster des Raums, in dem man Zar Paul erwürgt hatte, zugemauert war.

Die Zeit löscht nicht alle unsere frühen Eindrücke; manchmal werden Erinnerungen an die Vergangenheit wieder wachgerufen. So erging es mir, als ich diese alten Photographien sah; sie versetzten mich wieder in das Petersburg meiner Kindheit und ließen es seltsam nah und greifbar erscheinen. Ich hoffe, daß der Leser dieses Gefühl nachempfinden kann, wenn er durch das Buch blättert.

DER RUBIKON DER RUSSISCHEN GESCHICHTE

Dieses Buch beschreibt eine große Stadt um die Jahrhundertwende - eine Stadt, die durch den Entschluß Peters des Großen, des ersten russischen Kaisers, aus der Wildnis wuchs; eine Stadt, die zur Hauptstadt des mächtigen nördlichen Reiches wurde und in der im Februar 1917 das historische Drama dieses Reiches sein Ende fand.

Wir sagen »im Februar« statt »im März«, denn bis zuletzt galt im Russischen Reich der »alte Stil«, der Julianische Kalender. Zu Zeiten Peters des Großen hatten ganz Europa und Amerika längst auf den Gregorianischen Kalender umgestellt, aber Peter verfügte, daß Rußland am Kalender Julius Cäsars festhalten solle. Daher hinkte Rußland zu Anfang des 20. Jahrhunderts der westlichen Welt um dreizehn Tage hinterher - ein Umstand, der für viele Abergläubische von düsterer, mystischer Bedeutung war und in den eleganten Salons des St. Petersburg der Jahrhundertwende viel diskutiert wurde. Der Julianische Kalender blieb bis zur Revolution im Jahre 1917 in Gebrauch, und deshalb führen wir die Daten in diesem Buch auch nach dem alten Stil an.

Dieses Buch zeigt Photographien, die nicht als »Geschichtsschreibung« gedacht waren, aber im Laufe der Zeit eine historische Bedeutung erhielten. Der durch die unparteiische Linse gebündelte Lichtstrahl hat auf den Bildplatten flüchtige Momente aus dem Leben Petersburgs und einige mehr oder weniger bedeutende Teilnehmer seines historischen Dramas festgehalten. Diese zufälligen Spuren schienen damals banal und alltäglich, sind mittlerweile aber vielsagend und bedeutungsvoll. Die Photographien sollten die Menschen darauf und nachkommende Generationen überleben; heute legen sie ein unparteiisches Zeugnis ab.

Da ist der letzte russische Zar, der letzte offizielle Monarch, der höchste Adlige und Grundbesitzer - »Herrscher über das russische Land«, wie er sich in einem Formular der ersten Volkszählung im Jahre 1897 nannte.

Da ist der russische Muschik - in der prächtigen Uniform der Kaiserlichen Garde, im Kaftan eines Droschkenkutschers oder im Overall eines Fabrikarbeiters. Bis 1861 konnte ein russischer Muschik gekauft und verkauft werden - und wenn der Käufer die Familie des Leibeigenen nicht benötigte, konnte er diesen allein erstehen, genau wie Onkel Tom in Harriet Beecher Stowes Roman. Noch bis ins 19. Jahrhundert gab es keine offizielle Untersuchung, wenn ein Leibeigener zu Tode geprügelt worden war.

Der Großteil der Bevölkerung gehörte zur Klasse der Leibeigenen. Es gab auch Kronbauern, die dem Zaren gehörten, dem »Kaiser aller Reußen« - ihr Los war jedoch nicht viel besser, und der Zar konnte sie nach Belieben an Adlige verschenken, die er zu ehren wünschte. Katharina I. und Katharina II., Alexander I. und Nikolaus I., die nach Peter dem Großen den Thron bestiegen, verschenkten Zehntausende von Leibeigenen an ihre Günstlinge und an Generäle, die sich in Schlachten besonders hervorgetan hatten.

Auch wenn es unglaublich scheint, daß die Leibeigenschaft in Rußland erst 1861 abgeschafft wurde, sollte man nicht vergessen, daß im selben Jahr der amerikanische Bürgerkrieg infolge der Aufhebung der Sklaverei ausbrach. Das Manifest Alexanders II., der die Ansicht vertrat, es sei »besser, die Bauern von oben zu befreien, bevor sie sich selbst von unten die Freiheit nehmen«, entließ die Bauern zwar aus der Leibeigenschaft, gab ihnen aber praktisch keinen eigenen Grund und Boden. Ein Bauer mußte jahrzehntelang arbeiten, um das winzige Stückchen Land, das ihm sein ehemaliger adliger Herr zum Unterhalt überlassen hatte, sein eigen zu nennen. Aber mehr konnte der Zar in einem Reich des Landadels für die Bauern nicht tun.

Die Aufhebung der Leibeigenschaft entschärfte die Situation, beseitigte aber nicht die Hauptursachen der Kataklysmen, die das Reich bis in seine Grundfesten erschüttern sollten. Zur gleichen Zeit beschleunigte sich die industrielle Entwicklung, die alle wirtschaftlichen und sozialen Widersprüche zuspitzte. Sie brachte die einander feindlich gesinnten Klassen der Arbeiter und des Bürgertums hervor und trug zu den potentiell explosiven sozialen Problemen bei. Die tektonischen Spannungen in der russischen Gesellschaft entluden sich von Zeit zu Zeit in Bauernaufständen und Arbeiterstreiks und ließen eine Flut revolutionärer Gruppierungen entstehen (die natürlich illegal agierten, da bis 1905 alle politischen Parteien - sogar monarchistische - verboten waren).

Alexander II. untersagte die Prügelstrafe und beinahe alle anderen körperlichen Züchtigungen, einschließlich des Brandmarkens und der Rutenschläge in der Armee. Er ersetzte die fünfundzwanzigjährige Dienstzeit durch eine vernünftige allgemeine Wehrpflicht, führte das Semstwo (eine lokale Körperschaft, die in den Städten und auf dem Land eine begrenzte Selbstverwaltung erlaubte) ein und reformierte das Justizwesen (Schwurgerichtsverfahren, Unabhängigkeit und Unabsetzbarkeit der Richter, Unschuldsvermutung u. a.). Unter Alexanders Herrschaft wurde erstmals der Staatsetat veröffentlicht – und das Wort »Glasnost« kam auf.

Eine weitere epochale Reform zog der umsichtige Zar in Erwägung: Er beschäftigte sich mit einem Verfassungsentwurf. Auf lange Sicht hätte dieser den Weg zu einem russischen Parlament bereitet und dem Volk ein Mitspracherecht bei Regierungsangelegenheiten und der Gesetzgebung eingeräumt, wäre der Herrscher von Gottes Gnaden in gewisser Weise seinen Untertanen – dem seit Jahrhunderten leidenden russischen Volk – gegenüber verantwortlich gewesen – ein Verzicht auf die mittelalterliche Doktrin der Autokratie; der Zar wäre nicht länger nur Gott und seinem Gewissen gegenüber verantwortlich gewesen. Aber es war zu spät: Die Zeit für Reformen war abgelaufen, die Prozesse, die längst eingesetzt hatten, ließen sich durch den Willen des Zaren nicht mehr steuern und schritten mit der unerbittlichen Logik der Geschichte fort. Am 13./1. März 1881 – dem Tag, an dem er ein Dekret zur Einberufung einer nationalen Semstwoversammlung unterzeichnete – fiel Alexander II., der bereits einige Anschläge überlebt hatte, am Katharinenkanal einem Attentat von Mitgliedern der revolutionären Gruppe »Volkswille« zum Opfer. Diese Gruppierung war davon überzeugt, im Namen und im Interesse des russischen Volkes gehandelt zu haben.

Die triumphierende Reaktion versuchte, möglichst viele von Alexanders Reformen rückgängig zu machen; die Idee eines Parlamentes wurde fallengelassen und als westlicher Liberalismus gebrandmarkt, der, wie das unglückliche Ende des reformwilligen Zaren gezeigt habe, Rußland nur schade. Erst ein Vierteljahrhundert später erzwang die Revolution von 1905 vom letzten Zaren, Nikolaus II., ein Zugeständnis – die Einrichtung einer beschränkten Volksvertretung, der Reichsduma. Das russische Kaiserreich trat in die letzte Etappe seiner Geschichte ein. Sowohl Alexanders II. Sohn (Alexander III.) als auch sein Enkel (Nikolaus II.) waren überzeugte Autokraten, und sie erfreuten sich der Unterstützung all jener kurzsichtigen Menschen, die ihre Ansichten aus Überzeugung oder Opportunismus teilten. Diese Gruppe stellte eine bedeutende gesellschaftliche Macht dar, der es gelang, dringend erforderliche Veränderungen über einen beträchtlichen Zeitraum zu verhindern, was die Revolution unvermeidlich werden ließ.

So hatte Nikolaus II. das Recht, sein Volk in den Krieg zu schicken. 1905 war das Land nicht auf einen Krieg vorbereitet, und sowohl das Heer als auch die Marine wurden von unfähigen Generälen und Admirälen angeführt. Die Schlachten des Russisch-Japanischen Krieges in der Mandschurei, bei Port Arthur und in den ostasiatischen Meeren kosteten das Leben Hunderttausender tapferer Männer, die an ihrem Treueeid gegenüber dem Kaiser festgehalten hatten. Der Friedensvertrag wurde erst aufgrund der Vermittlung Präsident Theodore Roosevelts am 5. September 1905 in Portsmouth, New Hampshire, unterzeichnet. Rußlands Verluste beliefen sich auf 400 000 Tote, Verwundete, Versehrte und Gefangene. (Zum Vergleich: Die USA verloren im zweiten Weltkrieg 405 000 Menschen auf dem europäischen Kriegsschauplatz und im Pazifik, während Großbritanniens Verluste aus allen Kämpfen sich auf 375 000 Menschen summieren.)

Der Volkszorn über den ungerechtfertigten, sinnlosen und stümperhaft durchgeführten Krieg beschleunigte die Revolution von 1905. In ihrem Anfangsstadium versuchte Nikolaus II., ein weiteres theoretisches Recht des Autokraten durchzusetzen – sozusagen das Recht, seine Untertanen zu massakrieren: Am »Blutsonntag«, dem 22./9. Januar 1905, nahmen Petersburger Arbeiter an einem friedlichen Marsch teil. Der Zar gab – auf Anraten seiner Regierung – den Truppen Befehl, in die Menge zu schießen, auf Menschen, die Ikonen von Christus, dem Erlöser, Bildnisse von Nikolaus und eine Petition mit sich führten, in der sie den Zaren »demütig« baten, ihre Not zu lindern. In der Nähe des Schloßplatzes, am Anfang des Newski-Prospektes und am Narwator feuerten die Kaiserliche Garde und die Petersburger Garnisonstruppen Gewehrsalven in die Menge, während Kosaken mit Säbeln auf sie losgingen. Von den 140 000 Teilnehmern des Marsches wurden fast 5000 (darunter viele Frauen und Kinder) getötet oder verwundet. Empört über dieses Massaker, veranstalteten politische Parteien und Gesellschaften in ganz Europa und Amerika Kundgebungen und schickten Protesttelegramme, in denen sie ihre Sympathie mit den Petersburger Arbeitern und dem russischen Volk bekundeten.

Das Blutvergießen an diesem Sonntag, andere während der Revolution von 1905 und in der Februarrevolution von 1917 angeordnete Massaker und die letzten beiden Kriege, die das Russische Reich führte, trugen dem Zaren den Namen »Blutiger Nikolaus« ein. Das Blutvergießen schrie nach Rache – und sie kam, Jahre später, gemäß dem unbarmherzigen alttestamentlichen »Auge um Auge, Zahn um Zahn«.

Unser Begleittext zu den Photographien setzt um die Jahrhundertwende ein, lange vor den letzten Tagen des Reiches. Der Beginn des neuen Jahrhunderts war geprägt von dem Gefühl, ein Zeitalter sei zu Ende gegangen; er war ein Wendepunkt, an dem man auf den zurückgelegten Weg zurückschauen möchte. Und nun, da sich wieder ein Jahrhundert seinem Ende zuneigt, empfinden wir ganz ähnlich.

Wenn wir heute auf unsere Vergangenheit schauen, können wir es uns erlauben, sie nicht nur schwarzweiß zu sehen, sondern andere Farben und unzählige Schattierungen zu unterscheiden. Endlich scheinen wir reif genug, zu verstehen, was Physiker seit Jahrhunderten wissen: Die Farbe Weiß als solche existiert in der Natur nicht. Genauso wird jedem, der einen gewissen Grad an Reife erreicht hat, deutlich, daß der brudermörderische Bürgerkrieg nach der Revolution von 1917 nicht einfach ein Heldenepos in der Geschichte des Volkes, sondern eine schmerzhafte historische Erfahrung, eine Tragödie war; daß die Millionen Desertionen keine Schande für den russischen Muschik waren, sondern das natürliche Verhalten des Menschen, der zum Leben und nicht zum Töten und Getötetwerden geboren ist. Ebenso sollte das individuelle Schicksal der Menschen mit allem Leid und Elend nicht einfach hinter den Begriffen »Klasse«, »Staat«, »Partei« und »Masse« verborgen werden.

Rechtfertigen und erklären die Erfordernisse der Revolution jene Schicksalsprüfungen, die der Zarenfamilie in ihren letzten Tagen und Stunden widerfuhren? (Nikolaus II. und die Kaiserin Alexandra Fjodorowna mußten zusehen, wie ihre Kinder erschossen wurden, bevor sie deren grausames Los teilten.) Die Antwort kann nur »nein« lauten. Bei aller Mittelmäßigkeit und Engstirnigkeit spielte Nikolaus II., der einen Großteil der Schuld am Zusammenbruch des Russischen Reiches trägt, in all diesen Ereignissen eine widersprüchliche Rolle. Ein seine Kinder abgöttisch liebender Vater, ein begeisterter Photograph, ein überaus frommer Mann mit einem Hang zum Mystischen, begrüßte er jedoch auch die von den »Schwarzen Hundertschaften« verübten Pogrome und stimmte grausamen Repressalien zu. Er hatte das Unglück, den Thron eines Landes innezuhaben, das von seinem Herrscher vielfältige Eigenschaften verlangte, und in einer Zeit zu leben, die wesentlich mehr Weitblick und persönliche Stärke erforderte. Seine Unfähigkeit, das Land zu regieren, als revolutionärer Wandel nötig war, führte unausweichlich zu einer Grausamkeit, die seiner Natur eigentlich fernlag, und drängte ihn zu einer Reihe verhängnisvoller Entscheidungen, die der Tradition russischer Monarchen entsprachen, aber in seiner Zeit wider jede Vernunft waren. Dennoch »dachte die Regierungsmacht, daß es am besten sei, Dreiviertel der Bevölkerung in einem Zustand zu halten, der nicht dem eines gleichberechtigten Bürgers entsprach, sondern dem eines erwachsenen Kindes (Geschöpfe besonderer Art)«. Das schrieb Graf Sergei Witte, der versucht hatte, das Reich durch die Einführung der Duma und durch liberale Reformen zu retten. Am Zarenhof brachte ihm dies den Ruf eines »Roten« und den Haß des Zaren ein, und bei der ersten sich bietenden Gelegenheit wurde er entlassen. »Wenn sich die Regierung eine Rolle anmaßt, die über die Aufgabe der Regierung in einem modernen Staat – die Ordnung zu erhalten – hinausgeht, dann wird diese Regierung früher oder später die Früchte eines solchen Regimes ernten«, schrieb Witte weiter. Wie aus seinem Briefwechsel mit Alexandra Fjodorowna deutlich hervorgeht, hielt Nikolaus II. es für seine heilige Pflicht, die russische Autokratie zu bewahren und sie seinem Sohn Alexei unversehrt als Familienvermächtnis der Romanows zu übergeben. Die Vergeltung kam, aber er trug sie mit Würde.

Nach dem Leid der Revolution, nach der blinden Anbetung vorgeblich eherner, unmenschlicher Gesetze des historischen Molochs und nach den schrecklichen, keineswegs unvermeidlichen Tragödien und Menschenopfern der Jahre zwischen 1920 und 1950 ist uns heute die Notwendigkeit von mehr Humanität und Nächstenliebe bewußt. Unser Blick auf die Geschichte ist weniger primitiv, und wir wissen um unser Menschen- und Bürgerrecht – und die Pflicht –, die Vergangenheit sine ira et studio zu betrachten.

Die um die Jahrhundertwende aufgenommenen Photographien zeigen bekannte und unbekannte Gesichter, Straßen und Gebäude, die uns nicht nur deshalb faszinieren, weil die Aufnahmen fast hundert Jahre alt sind, sondern vor allem, weil die Spannungen, die zu so vielen Umwälzungen führen sollten, im damaligen Petersburg so deutlich sichtbar waren. Das Verlangen, seine Atmosphäre zu fühlen, läßt uns den Blick auf diese alten Photographien heften, die das Gesicht einer beinahe unbekannten Stadt zeigen, des Protagonisten der russischen Geschichte in den letzten Jahrhunderten – einer Stadt, die bald einen Großteil ihrer angestammten Einwohner, viele ihrer Bauwerke und ursprünglichen Straßenbezeichnungen und selbst den Namen verlieren sollte, auf den sie getauft war.

In der zweiten Hälfte des 19. Jahrhunderts wurde Petersburg (dessen Erscheinungsbild während der ersten 150 Jahre seiner Geschichte nur aus Gemälden und Zeichnungen bekannt ist) in Zigtausenden von Lichtbildern festgehalten, von denen allzu viele, wie die Photographen oder Besitzer, die Stürme unseres Jahrhunderts nicht überlebt haben. Mit zunehmender Verbreitung der Bildberichterstattung entstand eine Fülle von Schnappschüssen. Sie zeugen von wichtigen historischen Ereignissen, dokumentieren Szenen aus dem Alltagsleben und bieten uns lebendige Porträts der Menschen. Petersburg erscheint in diesen Aufnahmen in all seiner Mannigfaltigkeit, in seiner hauptstädtischen Pracht und seiner Armut: die kaiserliche Familie auf einem Ausflug; Diners in luxuriösen Salons und Restaurants; Menschen, die vor Armenküchen Schlange stehen; schmutzige Obdachlosenasyle mit ihren desillusionierten Bewohnern und die tägliche Plackerei der Bürger.

Die Geschichte der nördlichen Hauptstadt des Russischen Reiches – die seit der zweiten Hälfte des 19. Jahrhunderts zu den bedeutendsten kulturellen Zentren der Welt zählte und langsam zum Zentrum der revolutionären Bewegung wurde – muß das Interesse und die Aufmerksamkeit eines jeden erwecken, der die Geschichte Rußlands mit all ihren edlen und weniger edlen Aspekten, ihren Augenblicken des Triumphs und der Schande verstehen möchte. Nach dem russischen Historiker Wassili Kljutschewski ist die Geschichte eines Landes und seines Volkes wie die Vergangenheit eines Individuums – ohne seine Biographie zu kennen, kann man weder über seine Fähigkeiten noch über seine künftigen Möglichkeiten etwas sagen. Eine dokumentarische Biographie von Petersburg hat uns vieles mitzuteilen. Zusammenkünfte hoher Regierungsbeamter, reger Handel, kultureller Austausch und zahlreiche persönliche und familiäre Bande verknüpften St. Petersburg tausendfach mit den Staaten der Alten und der Neuen Welt. Mit der Zeit wurde die Stadt Teil der Weltzivilisation.

Vor der Revolution: Das alte St. Petersburg umfaßt die Zeit zwischen 1890 und 1914, dem Jahr, in dem der erste Weltkrieg begann. Den Anfang macht das Kapitel »Die Stadt an der Newa« mit Aufnahmen von Straßenszenen, Panoramaansichten von Straßen, Plätzen, Kais und Bildern einzelner Gebäude, von denen viele nicht erhalten sind oder bis zur Unkenntlichkeit verändert wurden.

Das folgende Kapitel, »Augenblicke der Geschichte«, zeigt historische Ereignisse: die Zweihundertjahrfeier von St. Petersburg, Szenen in Zusammenhang mit dem Russisch-Japanischen Krieg, die Revolution von 1905, die Feiern anläßlich des 300jährigen Bestehens der Romanowdynastie, die Mobilmachung vor dem ersten Weltkrieg.

Das Kapitel »Hauptstadt des Reiches« spiegelt die Machtstrukturen wider, mit Nikolaus II. an der Spitze der Pyramide. Es zeigt uns das offizielle St. Petersburg, die zaristischen Beamten und die Besuche europäischer Staatsoberhäupter.

»Ein Tag wie jeder andere« umfaßt Aspekte des täglichen Lebens in St. Petersburg: emsigen Handel, Fabrikhallen, stille Empfangsräume, die Operationssäle eines städtischen Krankenhauses, die glatte Geschäftigkeit der Banken.

Im Kapitel »Droschke, Straßenbahn und Automobil«, das die Entwicklung des Stadtverkehrs nachzeichnet, sehen wir Fuhrleute, Droschkenkutscher, Wasserträger, Müllmänner, die ersten Automobilisten und Straßenbahnfahrer.

Das Kapitel »Von Alpha bis Omega« zeigt die russische Hauptstadt als bedeutendes Zentrum von Wissenschaft und Bildung, als Sitz der Akademie der Wissenschaften und einer Universität, zahlreicher höherer Lehranstalten, Lyzeen, Militärakademien, Volksschulen, Gymnasien und Handelsschulen. Das Buch endet mit einem Blick auf das kulturelle Leben und die Freizeitvergnügungen der Petersburger, ohne freilich die illustre Schar der Schriftsteller, Dichter, Künstler, Musiker und Bühnendarsteller, deren Leben untrennbar mit Petersburg verbunden war, umfassend würdigen zu können.

Viele dieser Photographien werden hier erstmals veröffentlicht; alle Abzüge stammen von originalen Schwarzweiß-Glasnegativen des Zentralen Staatsarchivs für Film- und Photodokumentation in Leningrad, eines der größten Archive seiner Art in der Sowjetunion.

Die Stadt an der Newa

Die Newa und der Nikolauskai. 1910–1912

ВОЛЖСКО-КАМСКIЙ КОММЕРЧЕСКIЙ БАНКЪ
N. FENOUIL & Cie
ФЕНУЖЪ
С. КИНГЪ
КНИЖНО-МУЗЫКАЛЬНЫЙ МАГАЗИНЪ
RESTAURANT

Der Newski-Prospekt (rechts Gostiny Dwor). 1900

Snamenskaja-Platz, Nikolausbahnhof und Denkmal Alexanders III. (heute entfernt). 1910–1912

DIE STADT AN DER NEWA

Красуйся, град Петров, и стой
Неколебимо, как Россия!
Rag, Peters Stadt, in hehrer Pracht
Wie Rußland stolz und unbezwungen!

Alexander Puschkin
(Übersetzt von Wolfgang E. Groeger)

Diese beiden Zeilen Puschkins zitierte General de Gaulle sehr zur Verblüffung aller Anwesenden am Ende seiner Rede in Leningrad im Jahre 1967 – auf russisch. Der französische Präsident, ein Pariser, der gewiß einige der schönsten und bedeutendsten Städte der Welt kannte, neigte nicht zu höflichen Schmeicheleien, und als glühender Patriot Frankreichs war er mit Lob für andere Länder und Städte alles andere als verschwenderisch.

Der unsterbliche russische Dichter Alexander Puschkin verherrlichte Petersburg in seinem Poem *Der Eherne Reiter* (Untertitel: *Eine Petersburger Erzählung*). Die beiden Zeilen, die de Gaulle auf russisch zitiert hatte, bilden ein Motto, das auch heute noch das Stadtwappen zieren könnte.

Fjodor Dostojewski dagegen schien Petersburg manchmal beinahe zu hassen: Es sei eine graue, düstere, trübselige Stadt, ein Truggebilde, ein böser Traum. So suchte er seine feindliche Haltung gegenüber dieser grausamen Stadt zu rechtfertigen – der Reichshauptstadt, wo seine »armen Leute« litten, die »Erniedrigten und Beleidigten« starben und durch deren Straßen er selbst im Dezember 1849 zum Schafott getrieben worden war. Auf dem Semjonowskischen Exerzierplatz stand er mit zwanzig weiteren Mitgliedern des Petraschewskikreises eine halbe Stunde lang vor dem Schafott und wartete auf die Vollstreckung des Urteils, das »Tod durch Erschießen« lautete. Ein Priester bot sich an, ihnen die Beichte abzunehmen, aber lediglich Timakowski machte davon Gebrauch. Der Priester schritt mit einem Kreuz an der Reihe der Todgeweihten entlang, und alle küßten es im Geiste ihres Glaubens an den christlichen und utopischen Sozialismus, der ihnen die Todesstrafe eingebracht hatte; die meisten von ihnen sahen in Jesus Christus den Streiter für Gleichheit und Brüderlichkeit. Dostojewski sagte auf französisch zu seinem Freund Speschnew: »Wir werden mit Christus sein.« »Als eine Handvoll Staub«, erwiderte Speschnew mit bitterem Lächeln. Den ersten drei Delinquenten zog man Kapuzen über und band sie an Pfähle neben dem Schafott. Zu ihren Füßen befand sich eine Grube, die die Leiber der Exekutierten aufnehmen sollte. Dostojewski gehörte offensichtlich zur zweiten Dreiergruppe. Auf das Kommando eines Offiziers postierten sich sechzehn Soldaten mit geladenen Gewehren in einer Reihe und legten an, während ein gedämpfter Trommelwirbel ertönte. »Völlig unerwartet« kam dann ein berittener Bote aus dem Winterpalast – das grausame, sadistische Schauspiel gipfelte im Pardon des Zaren. Den Henkern war das Szenarium bekannt gewesen. Nikolaus I., der Vater Alexanders II., ließ einen Gnadenakt verkünden: Die Todesstrafe wurde für die meisten Verurteilten in eine Zuchthausstrafe umgewandelt. Diese Episode liegt wohl der berühmten Erzählung des Fürsten Myschkin (in dem Roman *Der Idiot*) von den Gefühlen eines zum Tode Verurteilten zugrunde. Vielleicht hat das Erlebnis aus dem Jahre 1849 die gesamte Einstellung des großen Schriftstellers gegenüber der Stadt an der Newa beeinflußt.

»Nasser Granit unter den Füßen, hohe, schwarze, rußige Häuser rechts und links, Nebel zu den Füßen und Nebel über dem Haupt«, sagte Dostojewski in seiner wenig schmeichelhaften Beschreibung Petersburgs weiter. Allerdings hat er nicht immer so empfunden; an anderer Stelle erklärt er seine Liebe zu dieser Stadt. Wie jeder – ob Russe oder Ausländer –, der die Schattenseiten der Hauptstadt des autokratischen Reiches kannte, empfand Dostojewski eine Art Haßliebe zu ihr.

Der wahr gewordene Traum eines Zaren, ist die Stadt eines römischen Imperators, Julius Cäsars selbst, würdig – tatsächlich geht das russische Wort »Zar« auf »Cäsar« zurück. Ein Kind der Phantasie, entstand und wuchs sie nach einer Laune Peters I. an einem Ort, der zur Besiedlung ungeeignet schien. Die Sumpflandschaft, das feuchte, ungesunde Klima führten zu zahllosen Krankheiten und verursachten den Tod Tausender und aber Tausender zum Bau der Stadt kommandierter Menschen. Die Natur rächte sich an dem kühnen Monarchen, der die Warnungen der Fischer, die die Tücke von Fluß und Meer kannten, in den Wind schlug. Peter zog sich während der Überschwemmung, die seine geliebte Stadt 1724 heimsuchte, eine Erkältung zu und starb, immer noch voller Lebensmut und Ideen. Die Natur strafte auch alle nachfolgenden Generationen, indem sie beinahe jährlich einen hohen Tribut an Menschenleben, Gütern, Gebäuden, Brücken und Schiffen forderte. Vor allem im Herbst drücken die Wasser des Finnischen Meerbusens ins Newadelta, der Fluß wird zurückgestaut, und eine gewaltige Überschwemmung ist die Folge. In der Geschichte der Stadt hat es ungefähr 300 Überflutungen gegeben, von denen sechzig die Zweimetermarke überstiegen; die schlimmsten erreichten gar mehr als vier Meter.

Der Ort, den Peter I. für die Errichtung seiner Stadt wählte, ist geologisch betrachtet noch relativ jung; noch vor 10 000–12 000 Jahren war das Areal der zukünftigen Stadt mit einer tausend Meter dicken Eisschicht bedeckt, und zu der Zeit, als die frühen orientalischen Hochkulturen in den Ebenen des Nils, des Euphrats und des Tigris bereits grandiose Bewässerungssysteme anlegten, war hier im hohen Norden die Natur noch nicht zur Ruhe gekommen. Vor ungefähr 4000 Jahren verband eine 8–21 Kilometer breite Meeresstraße den Ladogasee mit der Ostsee; daraus entstand später das Flußtal der Newa. Die Newa selbst ist jung: Erst seit den Zeiten Alexanders des Großen hat sie den uns vertrauten Verlauf. Petersburg, im Jahre 1820 auf über hundert Inseln im Newadelta gelegen, wird zu Recht »Venedig des Nordens« genannt. Um jeden Zentimeter trockenen Bodens mußte die Stadt kämpfen. Die ersten Gebäude ruhten auf mächtigen Holzpfählen. Fels und Schutt für die Fundamente sämtlicher Kais, Straßen, Gassen und Häuser mußten von weit her gebracht werden. Alle Ankömmlinge hatten eine von Peter I. dekretierte »Steinsteuer« zu entrichten. Heute liegen weite Gebiete zwei, manche sogar fünf bis zwölf Meter über dem ehemaligen Niveau.

Petersburg, entstanden aus dem Bedürfnis Rußlands nach einem direkten Zugang zum Meer – den das Reich zu Beginn des 18. Jahrhunderts nicht hatte –, wurde ein »Fenster nach Europa«, ein Militärvorposten am Wasserweg nach Westen, ein bedeutender Hafen mit Schiffswerft. 1712, neun Jahre nach seiner Geburt, wurde es Hauptstadt des Reiches.

Die rauhe Ostsee, das nördliche Gegenstück zur sonnigen Adria und zum Mittelmeer, prägte nicht nur das Gesicht der Stadt, sondern auch ihre Einwohner. Laut Statistik war zu Beginn des 20. Jahrhunderts durchschnittlich an 158 Tagen im Jahr Regen oder Schnee zu verzeichnen; wolkenlos war es nur an 35 Tagen. Schirm, Regenmantel und Galoschen sind hier ebenso vertraute Utensilien wie in London. Das launische Wetter, Ursache ständiger Erkältungen, bildet eine nie versagende Quelle für Klagen, Witze und Anekdoten.

Aber das Meer war in vieler Hinsicht auch ein Segen. Schiffbau und Handel mit Europa sicherten den Unterhalt der Stadtbewohner. Seit Beginn des 18. Jahrhunderts kamen deutsche, englische und holländische Ingenieure, Baumeister, Handwerker, Kaufleute und Unternehmer nach Rußland, ferner Russen, die an den besten ausländischen Universitäten studiert hatten, und bettelarme, aber tatkräftige Glücksritter in hellen Scharen. Neueste wissenschaftliche Erkenntnisse, das Gedankengut der Aufklärung und des Sozialismus, die neueste Mode aus London und Paris – Peter hatte Rußland dem europäischen Leben geöffnet.

In Kriegszeiten gewährte das Meer auch Schutz. Die Festung Kronstadt auf der Insel Kotlin und Befestigungsanlagen an der Küste sicherten die Stadt nach Westen hin. Keine feindliche Flotte hat je Petersburg erreicht.

Es versteht sich, daß Meer und Wasser in den Symbolen der Stadt eine wichtige Rolle spielen: Das Petersburger Wappen zeigt zwei gekreuzte Anker. Die Wetterfahne auf der Turmspitze der Admiralität hat die Gestalt eines leichten, wendigen Schiffs – ein weltbekanntes Wahrzeichen. Zwei mit Schiffsschnäbeln verzierte Säulen, die Rostrasäulen, schmücken die Spitze der Wassiliinsel; zahlreiche Reliefs und Plastiken zeigen Neptun, allegorische Darstellungen russischer Flüsse und andere mythologische Figuren, die zum Wasser und zum Meer einen Bezug haben.

Im späten 19. Jahrhundert war die Newa – schon im Mittelalter Teil der Handelsroute »von den Warägern zu den Griechen« – ein wichtiger und geschäftiger Wasserweg, was sich auch in der Stadt deutlich zeigte. Mit dem Bau des tiefen, auch für Hochseedampfer schiffbaren, 32 Kilometer langen Seekanals im Finnischen Meerbusen, mit der Verwendung neuer Technologien im Petersburger Hafen und dank der Sanierung des Marienkanalsystems, das die Wolga mit der Ostsee verband, kam noch mehr Leben in die Stadt. Auf den Flußarmen und Kanälen wimmelte es von Holzkähnen, Segelbooten, Schleppern, Schiffen in allen Größen und Formen, finnischen Laibas (ein- und zweimastigen Segelbooten) und den allgegenwärtigen Ruderbooten. Petersburg wäre eine andere Stadt gewesen ohne seine Ruderboote und ohne die großen und kleinen Brücken, von denen es heute über dreihundert gibt, darunter 22 Zugbrücken.

Die meisten Städte sind an geeigneten Orten natürlich gewachsen. Nicht so Petersburg: Es verdankt sich einer Kombination aus kühner Inspiration und nüchterner Kalkulation – breite, gerade Straßen und Prospekte, klassizistisch angelegte Gärten und Parks, klare Reihen zumeist aus Stein gebauter Häuser in der Innenstadt. Petersburg besaß mehr prächtige Wohnhäuser und herrliche orthodoxe und nichtorthodoxe Heiligtümer als jede andere Stadt in Rußland. Es war anders als europäische Städte, obwohl hier Architekten aus aller Herren Länder wirkten, gekommen, um in ihrer Wahlheimat berühmt zu werden – Bartolomeo Rastrelli, der den Winterpalast und das Smolny-Kloster entworfen hat, Carlo Rossi, Architekt des Generalstabsgebäudes und des Michailpalais (in dem heute das Russische Museum untergebracht ist), Auguste de Montferrand, unsterblich durch die Isaakskathedrale, Giacomo Quarenghi (Akademie der Wissenschaften), Antonio Rinaldi und Charles Cameron, um nur einige zu nennen. Sie brachten fachmännisches Können, Intuition und Erfahrung mit, aber sie versuchten nicht, berühmte westeuropäische Bauwerke zu kopieren, sondern griffen die kulturelle Tradition des Landes auf und arbeiteten Seite an Seite mit russischen Meistern (Adrian Sacharow, Juri Felten, Andrei Woronichin, Wassili Stassow, Andrei Starow und andere), um die einzigartige Silhouette des nordischen Palmyra zu gestalten. Unbegrenzter Raum und großzügige Mittel ermöglichten die Materialisierung kreativer Vorstellungen und Energien in ungekanntem Maße. Zug um Zug entstanden Architekturensembles, die auf die Landschaft und die benachbarten Gebäude Rücksicht zu nehmen suchten.

In Petersburg wurde ständig gebaut. Wie Photographien bezeugen, waren manche Gegenden nach nur einem Jahrzehnt nicht wiederzuerkennen – nichts Ungewöhnliches in einer ständig wachsenden Kapitale. Später jedoch hat sich das Gesicht der Stadt manchmal noch schneller und radikaler verändert, beispielsweise während des Bürgerkriegs: Nach der Abschaffung des privaten Grundbesitzes verkamen viele Häuser, und die Transport- und Brennstoffkrise führte dazu, daß die Bevölkerung das Material etlicher Holzbauten als Brennholz verwendete.

Während des zweiten Weltkriegs wurde die Stadt 900 Tage lang belagert und an 611 dieser Tage bombardiert. Artillerie und Luftwaffe der Nazis feuerten 150 000 Granaten ab und warfen 107 000 Bomben auf bewohntes Gebiet. 3000 Wohnungen wurden zerstört, 7000 Gebäude und 200 historische und architektonische Monumente schwer beschädigt. Immer noch herrscht eine grausame Ungewißheit über die Zahl der damals Umgekommenen. Man geht von etwa einer Million aus.

Die Fontanka bei Kolomna. Kalinkinbrücke. Um 1900
Im Hintergrund eine der sieben turmbewehrten Brücken über die Fontanka. Nur die Tschernyschow-(heute Lomonossow-)Brücke ist noch erhalten.

Die Rote Brücke über die Moika und das Haus Nr. 75. 1900

Gegenüber, oben:
Das Warenhaus Esders und Scheffalz in der Nähe der Roten Brücke. Moikaufer Nr. 75. 1907

Gegenüber, unten:
Kirche zum Angedenken der im Russisch-Japanischen Krieg gefallenen Seeleute (nicht erhalten). Englischer Kai. 1911
Die Kirche symbolisierte das Grab der heldenhaften Seeleute, die im Russisch-Japanischen Krieg starben. Sie wurde 1911 mit in ganz Rußland gesammeltem Geld errichtet. Auf Bronzetafeln waren die Namen aller Gefallenen, die Namen der Schiffe und die Schlachten verzeichnet.

Ein weiterer Umstand trug zum heutigen Aussehen der Stadt Petersburg bei: Der Haß gegenüber dem zaristischen Regime war so groß, daß die Symbole der Autokratie nach der Oktoberrevolution von massiven Verwüstungen heimgesucht wurden. Der russische Doppeladler verschwand von Gebäudefassaden und Gittern, von Friesen und aus den Interieurs. Viele Denkmäler, besonders die der Romanows, stürzte man von ihren Sockeln und ersetzte sie durch hastig angefertigte Gipsfiguren der neuen Helden. Infolge des restriktiven Vorgehens gegenüber religiösen Institutionen verwaisten zahlreiche Gebäude und Kirchen oder wurden zerstört. Dieser Prozeß, der Ende der zwanziger, Anfang der dreißiger Jahre überaus heftig einsetzte, dauerte, wenn auch in milderer Form, bis in die Sechziger.

Schließlich schuf in den späten fünfziger Jahren ein massives Wohnungsbauprogramm völlig neue Viertel und vergrößerte die Stadtfläche beträchtlich; allerdings ist die eintönige Standardarchitektur kaum ein ästhetischer Gewinn. Dennoch kann man das historische Petersburg auch in dieser neuen Stadt wiederfinden: dank der Newa und ihren Armen, den Brücken und den monumentalen Architekturensembles, die alle Stürme überdauert haben und der Stadt jene strenge Schönheit verleihen, die die Dichter seit Jahrhunderten inspiriert. Überall – und häufig völlig unerwartet – wird sie sichtbar: kunstvolle Verzierungen an Toren, ein nicht mehr benutzter Brunnen auf einem anheimelnden Platz, steinerne Löwen und Greife, Tausende von Schornsteinkästen, hin und wieder ein Feuerwachtturm, phantasievolle Basreliefs an manchen Gebäuden, Pilaster, antike Figuren, Monogramme.

In der Innenstadt sind Zeichen des alten Petersburg im Überfluß vorhanden. Die strahlenförmig angelegten Straßen und Prospekte, die Konturen der Gebäude und Fassaden gehören zum alten Petersburg. Nur die Geräusche, Farben und Gerüche sind anders. Freundlichere Wandfarben und nächtliche Beleuchtung haben die Stadt heller gemacht. Aber genau wie früher ist der Newski die Hauptverkehrsader, allerdings noch belebter und vom Verkehr verstopft. Nur ein paar Schritte weiter findet man sich in jenen Gassen mit Hinterhöfen und schlecht beleuchteten Treppenhäusern in grauen Gebäuden, in denen Dostojewskis Gestalten eine klägliche Existenz fristeten. Genau wie früher ist der Sommergarten ein beliebter Aufenthaltsort, wenn auch einige der riesigen Bäume, die Puschkin und sein Onegin kannten, nicht mehr stehen.

Dreifaltigkeitskathedrale (nicht erhalten). Dreifaltigkeitsplatz. 1910
Der Grundstein der Kathedrale wurde viereinhalb Monate nach Gründung der Stadt gelegt. Hier nahm Peter I. im Jahre 1721 den Titel »Allrussischer Kaiser« an.

Aber das eigentliche Herz Petersburgs, sein Wesen und sein Charakter, befindet sich im Zentrum, im Angelpunkt der Stadt, der Peter-Pauls-Festung, wo seit Jahrhunderten um zwölf Uhr mittags eine Kanone der Naryschkinbastion abgefeuert wird und das Glockenspiel ertönt, das über die Newa und die ganze Stadt widerhallt. Hier teilt sich die Newa in zwei breite Arme, zwischen denen die Wassiliinsel mit der Strelka liegt. Thomas de Thomon gestaltete das Ensemble der Börse, der Rostrasäulen und des halbrunden, granitbefestigten Platzes. Ganz in der Nähe, an der Großen Newa, liegt die Kunstkammer, Petersburgs erstes Museum und geistiges Kind des wißbegierigen Peter. Auf Tuchfühlung damit der Brennpunkt russischen Denkens, die Akademie der Wissenschaften und die Universität, letztere untergebracht im Zwölfkollegiengebäude, einem der ersten vom großen Domenico Trezzini errichteten Bauwerke. Dreißig Jahre seines Lebens widmete Trezzini der Stadt Petersburg. Zu seinen unsterblichen Schöpfungen zählen das Sommerpalais Peters des Großen und die Peter-Pauls-Kathedrale. Auf der anderen Seite der Großen Newa, gegenüber dem Universitätskai, steht auf dem Platz vor der Isaakskathedrale – ihre goldene Kuppel ist an klaren Tagen kilometerweit zu sehen – das Denkmal des Begründers der Stadt, Peters des Großen: der Eherne Reiter. Rechts daneben die ehemalige Admiralitätswerft, die nach Zeichnungen Peters I. achtzehn Monate nach der Grundsteinlegung zur Peter-Pauls-Festung gebaut wurde. Der Kreis schließt sich mit dem Winterpalast, dessen gesamte Geschichte mit dem alten Regime verknüpft ist. Ursprung und Ende der alten Stadt – die Festung mit dem Gefängnis und der Zarenpalast, die sich an den Ufern der Newa gegenüberliegen – hatten das gleiche Schicksal. Sie sind heute öffentliche Museen, deren Ruhm weit über die Landesgrenzen hinausgeht.

Das Bild der historischen Stadt lebt in unserem Bewußtsein fort wie eine Melodie aus der Kindheit oder ein vollkommenes Gemälde. Von jedem Punkt des Kreises um die Ufer der Newa hat man einen prachtvollen Blick auf architektonische Meisterwerke, die je nach Tages- oder Jahreszeit verschieden wirken. Die Meeresbrise, das Rauschen der Newa, ihre unruhige Oberfläche rufen ein bemerkenswertes Gefühl von Freiheit und Leben wach. Wer an den Ufern der Newa geboren wurde, ist erfüllt von der Harmonie zwischen Wasser, Stein und Luft, und es fällt ihm schwer, sich an die Atmosphäre anderer Städte zu gewöhnen – sie erscheinen ihm eng, trübselig und irgendwie arm.

Petersplatz. 1890–1900
Gegenüber diesem Platz lag seit 1727 eine Schiffbrücke, die Isaaksbrücke, so benannt nach der im Jahre 1710 erbauten, dem hl. Isaak von Dalmatien geweihten Kirche (einem Vorgängerbau der heutigen Kathedrale). Ab der Mitte des 18. Jahrhunderts hieß der Platz Senatsplatz, da der Sitz des Senats aus dem Zwölfkollegiengebäude hierher verlegt wurde. 1782 erhielt er den Namen Petersplatz, denn in diesem Jahr fand hier die Enthüllung des Denkmals Peters des Großen statt. Dieser »Eherne Reiter«, von Katharina II. in Auftrag gegeben, zeugt von der hohen Kunstfertigkeit des französischen Bildhauers Etienne Falconet, der hier die Essenz der petrinischen Reformen festgehalten hat. Der Reiter sprengt einen Felsen hinauf, den »Donnerfelsen«, einen 1600 Tonnen schweren Granitblock, der mit einem Spezialschiff aus Konnaja Lachta nach Petersburg transportiert wurde. Zum Gedenken an diesen Transportkraftakt prägte man eine Medaille mit der Inschrift »Der tollkühnen Tat«. Auf diesem Platz fand auch die Tragödie der Dekabristen statt: Ungefähr 3000 Soldaten, angeführt von rebellischen adligen Offizieren, verweigerten dem neuen Zaren Nikolaus I. am 26./14. Dezember 1825 den Treueeid und versuchten seine Abdankung und damit eine Demokratisierung des Staates und die Abschaffung der Leibeigenschaft zu erzwingen. Wie Alexander Herzen es formulierte, trafen die auf die Rebellen abgefeuerten Kartätschen das Denkmal Peters I., des Reformers Rußlands. Nikolaus I. ließ die adligen Verschwörer grausam bestrafen: Fünf wurden gehängt, obwohl die Todesstrafe bereits seit 1744 de jure abgeschafft war, andere in die Verbannung oder ins Zuchthaus geschickt. Anläßlich der Hundertjahrfeier des Dezemberaufstands wurde der Platz in Dekabristenplatz umbenannt.

Oben:
Schloßkai und Schiffbrücke. 1901–1902
Ein Vierteljahrhundert lang hatte Petersburg keine Brücken, und die Menschen überquerten die Newa auf Booten oder liefen im Winter über das Eis. Die erste Schiffbrücke wurde 1727 errichtet. Man baute die Brücken ab, bevor die Newa zufror, und schlug sie im Frühjahr nach dem Eisgang wieder über den Fluß. Alle hatten einen Zugmechanismus, so daß Schiffe passieren konnten.

Nikolausbrücke. 1903
Die eiserne Brücke, am 2. November/21. Oktober 1850 vor 50 000 Menschen eröffnet, war die erste feste Brücke über die Newa und verkörperte den neuesten Stand der Technik. Sie hieß erst Blagoweschtschenski-(Verkündigungs-)Brücke und wurde 1855 zu Ehren Zar Nikolaus' I. umbenannt. 1918 erhielt sie wieder einen anderen Namen, diesmal nach Leutnant Pjotr Petrowitsch Schmidt, dem Anführer einer aussichtslosen, aber heldenhaften Meuterei auf dem Kreuzer *Otschakow* im Jahre 1906. Am Abend vor seiner Hinrichtung sagte er in seinem Schlußwort vor dem Militärgericht: »Der Pfahl, an dem ich meinem Tod ins Angesicht sehen werde, wird die Grenze zwischen zwei Epochen der Geschichte meines Landes markieren.«

ТЕЛЕГРАФЪ
TELEGRAPH

Gegenüber:
Mariä-Verkündigungs-Kirche (nicht erhalten). Verkündigungsplatz. 1913

Peter-Pauls-Kathedrale. 1900
Die Peter-Pauls-Kathedrale – als Hauptkathedrale der neuen Metropole konzipiert – stammt aus der gleichen Zeit wie die Peter-Pauls-Festung. Der erste Spatenstich für die ursprünglich hölzerne Kirche wurde am 10. Juli/29. Juni 1703 getan. Als höchstes Bauwerk der Stadt (122,5 m) übernahm der Glokkenturm auch die Funktion eines Blitzableiters für die Festung, und tatsächlich schlug der Blitz mehrmals ein. Symbol des russischen Triumphs an den Ufern der Newa, wurde die Kathedrale zum Aufbewahrungsort für die Kriegstrophäen des Reiches – Fahnen und Banner feindlicher Truppen und Schlüssel eroberter Städte und Festungen. Alle Zaren von Peter I. bis Alexander III. (außer Peter II.) und viele Großfürsten liegen hier begraben.

Blick über die Newa auf die Peter-Pauls-Festung. 1900
Die Festung, die die Newa zum Finnischen Meerbusen hin sicherte und die Keimzelle der Stadt bildete, entstand nach Plänen Peters auf der Haseninsel. Gemäß den Regeln des Festungsbauwesens orientierte sich die Anlage an der natürlichen Gestalt des Terrains. Obwohl in größter Eile errichtet, stellt sie ein Meisterwerk der Technik ihrer Zeit dar; die für Rußland neuartigen Bastionen machten die Festung praktisch uneinnehmbar. Ab 1706 wurden die Erdwälle durch Backsteinmauern (10–12 m hoch, bis zu 20 m dick) ersetzt, und weitere Befestigungsanlagen kamen dazu. Kein Gefechtsschuß wurde je von der Festung aus abgegeben.

Schloßkai und Winterpalast. 1903–1904
Der Winterpalast, auf dessen Architektur spätere Innenstadtbauten Rücksicht nehmen mußten, entstand nach den Worten des Architekten Bartolomeo Rastrelli »zum Ruhme des gesamten Rußlands«. Das riesige Gebäude erstreckt sich entlang dem Newaufer und kann nur von der anderen Flußseite aus in ganzer Größe erfaßt werden. So prächtig seine Fassaden auch sind, die herrliche Innenausstattung ist noch bemerkenswerter. Mehr als anderthalb Jahrhunderte diente der Winterpalast als Zarenresidenz, bis nach der Februarrevolution von 1917 die Provisorische Regierung einzog, die dann ihrerseits am 7. November/25. Oktober gestürzt wurde.

Vorangehende Seiten:
Marienplatz und Isaakskathedrale. Um 1900
Patron der Kathedrale ist der hl. Isaak von Dalmatien, an dessen Tag, dem 30. Mai, Peter I. geboren wurde. Das monumentale Gebäude des Architekten Auguste de Montferrand ist schon von weitem zu sehen. In dieser größten Kathedrale Petersburgs fanden über 12 000 Gläubige Platz. Für das Fundament wurden 24 000 Pfähle in den Boden gerammt. Von den 112 Monolithsäulen aus finnischem Granit sind 48 siebzehn Meter hoch und wiegen jeweils 114 Tonnen. Montferrand starb im Juni 1858, einen Monat nach Einweihung der Kathedrale. Seinen letzten Wunsch – in seinem Bauwerk beerdigt zu werden – erfüllte der Zar nicht. Statt dessen ging der Leichenzug um die Kathedrale herum, und nach einem feierlichen Totenamt in der katholischen Katharinenkirche am Newski wurde der Sarg nach Paris überführt.

Kathedrale Unserer Lieben Frau von Kasan, Newski-Prospekt. Um 1900
Betrachtet man die vollkommenen Linien dieses von 1801 bis 1811 errichteten Baus, so kann man kaum glauben, daß er eigentlich unvollendet ist. Der Plan sah auch auf der Südseite eine Kolonnade gleich der zum Newski-Prospekt sich öffnenden vor. In der Kathedrale liegt Feldmarschall Michail Kutusow begraben, Fürst von Smolensk und Oberbefehlshaber des russischen Heeres, der im Jahre 1812 Napoleon zurückschlug.

Oben:
Gitter des Sommergartens und Alexander-Newski-Kapelle (nicht erhalten). 1900
Zum Gedenken an ein fehlgeschlagenes Attentat auf Alexander II. (im April 1866 schoß Dmitri Karakosow im Sommergarten auf den Zaren) wurde eine Kapelle mit der Inschrift »Vergehe dich nicht am Herrscher von Gottes Gnaden« errichtet. Dem achten Anschlag auf sein Leben, 1881 von den Revolutionären des »Volkswillens« verübt, fiel Alexander II. zum Opfer.

Im Sommergarten. Um 1900
Schon ein Jahr nach der Stadtgründung ließ Peter I. den weitläufigen Park – von ihm »ogorod« (Küchengarten) genannt – anlegen. Der Sommergarten wurde zum Brennpunkt gesellschaftlichen Lebens und höfischer Feste. Früher wesentlich mehr als zwölf Hektar umfassend, besaß er auch an die fünfzig Springbrunnen, von denen jedoch keiner erhalten ist. Bis Ende des 19. Jahrhunderts war »Hunden und Menschen niedrigen Rangs«, wie General Ignatjew sich ausdrückte, der Zutritt verboten.

ПАРОВОЗЪ
ПЕРВАЯ ЖЕНСКАЯ АПТЕКА
АПТЕКА

№ 1
ГРЕЧЕСКІЯ ГУБКИ ВСѢХЪ СОРТОВЪ
И. КИРАНИСЪ

ПЕРЧАТКИ

Gegenüber, oben:
Katholische Katharinenkirche. Newski-Prospekt Nr. 32–34. 1902

Gegenüber, unten:
Handelsgalerie »Perinny Rjad« (nur der Portikus von Luigi Rusca erhalten). Newski-Prospekt Nr. 33 a. 1898
Der Säulenportikus diente als Eingang einer Handelsgalerie, in der unter anderem Federn und Daunen verkauft wurden. Bis zur Mitte des 19. Jahrhunderts bezeichnete man diese »Federreihe« auch als Frauenmarkt, da hier hauptsächlich Händlerinnen tätig waren.

Gebäude der Stadtduma und Kapelle des Antlitzes des Erlösers (nicht erhalten). Newski-Prospekt Nr. 31. Um 1900
1860–1861 (ein Jahrhundert nach Baubeginn des Gostiny Dwor) wurde vor der »Federreihe« mit Spenden der Händler eine Kapelle errichtet. Im russisch-byzantinischen Stil gebaut, erfreute sie sich beim einfachen Volk großer Beliebtheit.

Links:

Die Panteleimon-Kettenbrücke über die Fontanka. 1904

Diese erste Hängebrücke Rußlands wurde 1907 durch eine andere Brücke ersetzt, nachdem eine Brücke ähnlicher Bauart – die Ägyptische Brücke – im Januar 1905 unter einer Schwadron zusammengebrochen war.

Oben:

Die Fontanka mit Blick auf das Michaelsschloß. 1909–1912

Das Michaelsschloß war die Residenz Zar Pauls I., wie eine Festung gebaut, mit Graben und einer Zugbrücke vor dem Haupteingang. Aber weder Mauern noch Graben konnten den Monarchen retten; er wurde in der Nacht zum 24./12. März 1801 ermordet – gerade vierzig Tage nach seinem Einzug in das Schloß. Als man den Zaren abzudanken aufforderte, antwortete er: »Ihr könnt mich umbringen, aber ich werde als euer Kaiser sterben!« Das Gebäude blieb bis zum Jahre 1819 unbewohnt und wurde dann Sitz der Militäringenieurschule, an der auch Fjodor Dostojewski studierte.

Die Fontanka. 1906

Fontankaufer und Auferstehungskirche (nicht erhalten). 1900
Nach einem Großbrand im Apraxin Dwor im Jahre 1862 gelobte der Besitzer, Graf Apraxin, neben den wiederaufgebauten Handelsreihen eine Kirche zu errichten. Sie wurde zwischen 1884 und 1887 gebaut.

Die Mironiuskirche am Umleitungskanal (nicht erhalten). Um 1900
Die Kirche wurde zwischen 1849 und 1855 für das Chasseurregiment der Leibgarde erbaut.

Deutsche Reformierte Kirche (teilweise erhalten). Bolschaja Morskaja Nr. 60. 1910–1913

Dreifaltigkeitskathedrale des Alexander-Newski-Klosters. Um 1900
Peter I. gründete 1710 ein Kloster zum Gedenken an den vom Nowgoroder Großfürsten Alexander im Jahre 1240 an der Newa über die Schweden errungenen Sieg. Hier befinden sich auch eine geistliche Akademie (seit 1797) und zwei berühmte Friedhöfe. Viele bedeutende Männer Rußlands – Lomonossow, Suworow, Woronichin, Mussorgski, Tschaikowski, Dostojewski und andere – liegen hier begraben.

Auferstehungskathedrale des Smolny-Klosters. Katharinenplatz. Um 1900

Wenn Quarenghi an dieser Kathedrale Bartolomeo Rastrellis – die Alexander Benois als eins der schönsten und poetischsten Bauwerke ganz Rußlands bezeichnete – vorbeiging, zog der große Architekt als Zeichen des Respekts den Hut. Die eleganten Linien der fünfkuppeligen Kathedrale und der sie umgebenden Bauten täuschen darüber hinweg, daß das Ensemble nicht vollständig ist. Nach dem Plan des Architekten sollte sich vor der Kirche ein dem Glockenturm Iwans des Großen im Moskauer Kreml ähnelnder Glockenturm erheben. Das Smolny-Kloster wurde von Elisabeth Petrowna, der ältesten Tochter Peters des Großen, gegründet. Zuvor befand sich auf dem Gelände der Teerhof, wo Teer für den Schiffbau gekocht wurde – daher auch der Name des Klosters: von »smola«, Teer.

Die Anlage beherbergte bald eine Erziehungsanstalt für adlige Fräulein (Smolny-Institut), ein Krankenhaus und ein Witwenheim.

Dreifaltigkeitskathedrale und Säule der Siegesgöttin (nicht erhalten). Ismailowscher Prospekt. 1910

Das herrliche Denkmal, die Säule der Siegesgöttin, am 24./12. Oktober 1889 enthüllt, erinnerte an die Tapferkeit der Offiziere und Mannschaften des Ismailowschen Garderegiments im russisch-türkischen Krieg 1877–1878. Auf der korinthischen Säule, für deren Herstellung 140 erbeutete Kanonen verwendet wurden, erhob sich die Statue der Siegesgöttin. Der Granitsockel zeigte Szenen der Schlachten, in denen das Regiment sich ausgezeichnet hatte.

Oben:
Enthüllung des Denkmals des Großfürsten Nikolai Nikolajewitsch (nicht erhalten). Manegeplatz. 1914
Das Denkmal des Großfürsten Nikolai Nikolajewitsch, Feldmarschall und Befehlshaber des russischen Heeres im russisch-türkischen Krieg (1877–1878), wurde am 24./11. Januar 1914 in Anwesenheit von Delegierten der Balkanländer feierlich enthüllt.

Einweihung des Pionierdenkmals vor der Kirche St. Kosmas und Damian (nicht erhalten). Ecke Woskressenski-Prospekt und Kirotschnaja-Straße. 1899
Das Gotteshaus war die offizielle Kirche des Sappeurbataillons der Leibgarde. Hier wurden Banner und Plaketten mit den Namen gefallener Offiziere ausgestellt.

ЛЕКЕНШТЕЙНЪ

Preobraschenskische Kathedrale am Verklärung-Christi-Platz. Um 1900
Der Zaun um die Kathedrale wurde in den Jahren 1829–1832 aus Waffen errichtet, die aus dem gerade beendeten Krieg gegen die Türken stammten. General Skobelew, der Held einer anderen Kampagne gegen die Türken (1877–1878), ist an der Rückwand der Kathedrale beigesetzt.

ЭД. ЭД. НОВИЦКИЙ

Gegenüber:
Bürogebäude der Gummi- und Metallstempelmanufaktur Nowizki. Gartenstraße Nr. 23. 1906

Oben:
Andreaskathedrale und Andreasmarkt (nicht erhalten). Wassiliinsel, Ecke Großer Prospekt/6. Linie. 1913

29

27

Vorangehende Seiten:
Wohnhaus der Rossija-Versicherungsgesellschaft, Mochowaja-Straße Nr. 27–29. Um 1900

Heumarkt und Kirche zum Erlöser auf dem Heumarkt (nicht erhalten). 1900
Der Platz verdankte seinen Namen der Tatsache, daß hier ursprünglich mit Heu gehandelt wurde. Später wurden vor allem Lebensmittel verkauft.

Vorangehende Seiten:
Auferstehungskloster (teilweise erhalten). Sabalkanski-Prospekt. Um 1900

Die Überschwemmung von 1903. Wassiliinsel

Oben:
Bolschaja-Dworjanskaja-Straße. 1907

Mitte:
Billige Wohnungen. Anfang des 20. Jh.s

Unten:
Wohnhaus auf der Wassiliinsel, 5. Linie Nr. 60. Um 1900

Petersburger Vorstadt. Umleitungskanal. Um 1900

Oben:
Warenlager der Evangelischen Gesellschaft für geistliche und moralische Unterweisung der Protestanten, Narwaplatz Nr. 7. Im Hintergrund das Narwator. 1913–1914

Gegenüber:
Das Narwator. Um 1900

РОССІЙСКОЙ ГВАРДІИ
ОТЕЧЕСТВО ВЪ 17 Д. АВГУСТА 1834.
ROSSICIS CORP. CUSTOD.
PATRIA D. XVII. M. AUG. AN. MDCCCXXXIV.
АЛЕКСАНДРА ПЕРВАГО

Augenblicke der Geschichte

1913
НАРОДНЫЙ
1613

300
1913
1613

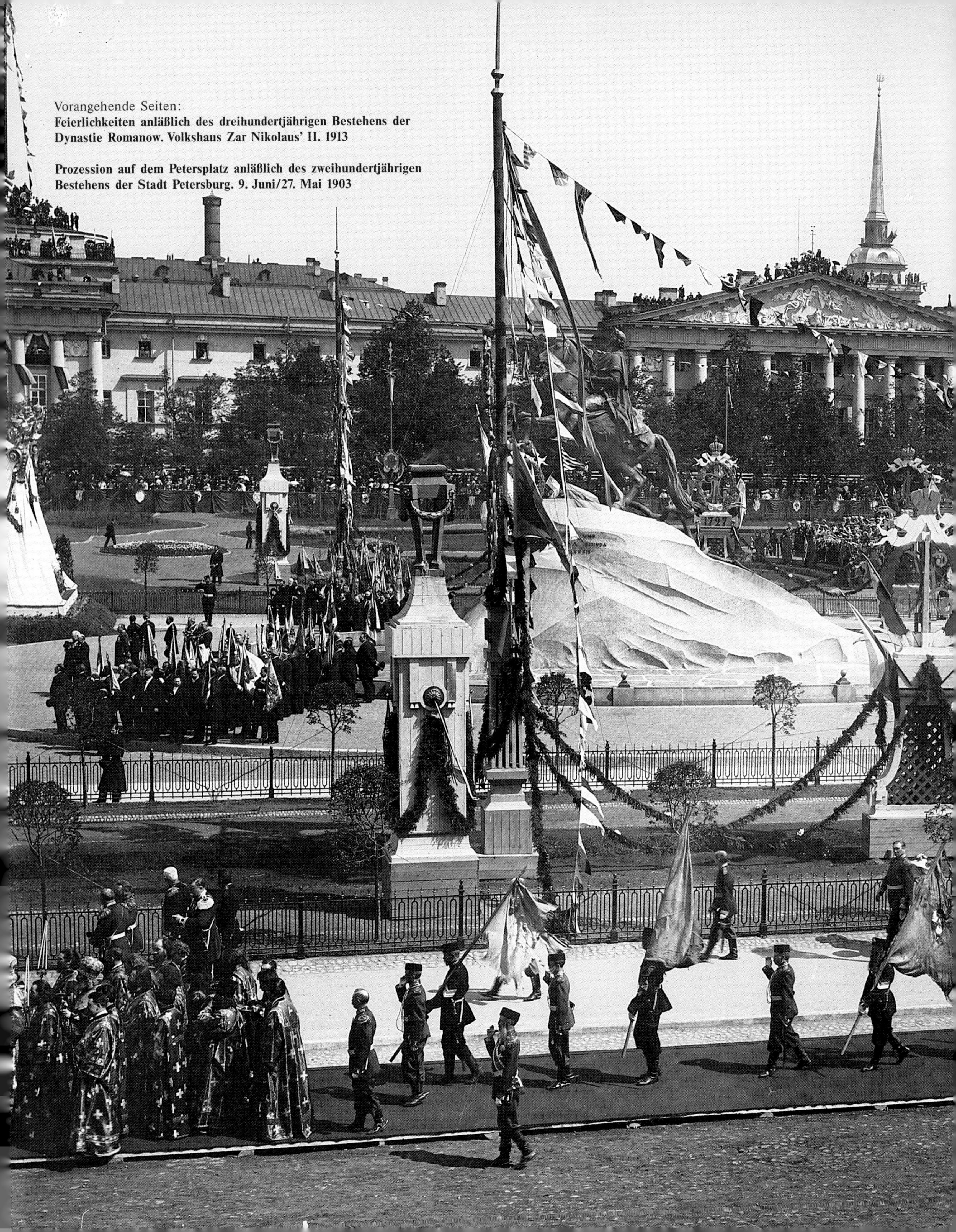

Vorangehende Seiten:
Feierlichkeiten anläßlich des dreihundertjährigen Bestehens der Dynastie Romanow. Volkshaus Zar Nikolaus' II. 1913

Prozession auf dem Petersplatz anläßlich des zweihundertjährigen Bestehens der Stadt Petersburg. 9. Juni/27. Mai 1903

1740
1741

ГОСТИН
И ЗИНОВЬЕВА
ЗУБНАЯ ЛЕЧЕБНИЦА
ИСКУССТВЕННЫЕ ЗУБЫ.
Й ГАРАЖЪ
ДАМСКІЙ ПОРТНОЙ
Г. И. ЦЫГАНОВЪ
КОНТОРА ГАЗЕТЫ РОССІЯ
ЛЕЧЕБНИЦА
ЛЕЧЕБНИЦА
Главная Контора Газеты „СЕГОДНЯ“
КНИЖНЫЙ СКЛАДЪ „ЗЕРНО“
Т. ДЕНКЕРЪ и К°
Сущ. съ 1815 г.
112
ФИЛИНЪ
ОДОЛЬ
ПАТЕНТОВАННЫЕ
ГАЛОШИ
76
Я ПЛОЩАДЬ

Ein vom »Bund des russischen Volkes« organisierter Umzug. Newski-Prospekt. 1907

Feierliche Eröffnung der nach Peter dem Großen benannten Brücke über die Newa. 1911

Eine Menschenmenge während der Verlesung der Kriegserklärung auf dem Schloßplatz. 2. August/20. Juli 1914

AUGENBLICKE DER GESCHICHTE

Petersburg, Petrograd, Leningrad ... Diese Namen markieren eine ruhmreiche Spanne von fast dreihundert Jahren im Leben der Stadt an der Newa, einer Stadt, deren Schicksal mit den wichtigsten Etappen der russischen Geschichte verbunden ist.

1703 ging der Nordische Krieg in sein viertes Jahr. Rußlands Ziel war die Rückeroberung des Landes, das ursprünglich zum Gebiet von Nowgorod gehört hatte, aber während der »Zeit der Wirren« im frühen 17. Jahrhundert verlorengegangen war. Peter I. sicherte sich 1702 den Zugang zur Ostsee und nach Europa durch die Einnahme der schwedischen Festung Nöteborg (das ehemalige russische Oreschek; von Peter in Schlüsselburg umbenannt) am Austritt der Newa aus dem Ladogasee. Im April 1703 eroberte er die Festung Nyenschanz an der Mündung der Ochta in die Newa. Zum Schutz der Newamündung gründete er am 27./16. Mai 1703 die St. Petersburger Festung (die spätere Peter-Pauls-Festung) auf der Haseninsel im Newadelta. Nach der christlichen Überlieferung bewahrt der Apostel Petrus den Schlüssel zum Himmelreich; offensichtlich war der Name der neuen Stadt für Peter von symbolischer Bedeutung, denn diese Gegend zu besitzen hieß in der Tat, eine strategische Schlüsselposition innezuhaben.

Der Ausbau ging schnell voran. Im Sommer 1703 wurden Holz- und Erdwälle angelegt, deren Umrisse der heutigen Festung entsprechen. Jahr für Jahr mußten Zehntausende von Menschen aus allen Teilen des Landes zum Bau kommen. Alexei Tolstoi zeichnete dieses lebendige Bild: »Überflutungen schwemmten die Arbeit fort, Feuer vernichtete sie; Hunger und Krankheit mähten das Volk nieder, und von neuem zogen Maurer, Zimmerleute, Böttcher und Gerber über die morastigen Straßen und Waldwege. Einige hatte man in Ketten gelegt, damit sie nicht fliehen konnten, andere wurden an Werstpfählen und vor den Hütten der Verwalter zu Tode geprügelt; die schnurrbärtigen Dragoner in ihren grünen, fremdländischen Kaftanen kannten keine Gnade.«

Keine Festung aber konnte die Zukunft der jungen Stadt garantieren, solange der schwedische König, der junge und wagemutige Karl XII., mit seinen Truppen an Rußlands Grenzen stand. Erst der Sieg über die Schweden bei Poltawa im Jahre 1709, von Peter als »Stein des Fundaments von St. Petersburg« bezeichnet, die anschließende Eroberung der schwedischen Festung Wyborg (150 Kilometer nördlich von Petersburg) und der zügige Aufbau einer Ostseeflotte sicherten das Überleben der Stadt, auch wenn der Nordische Krieg erst 1721 endete.

Im Jahre 1712 wurde Petersburg die Hauptstadt Rußlands. Damit begann ein neues Kapitel in der Geschichte des Landes. »Und mag die Axt des Zaren das Fenster in Bein und Fleisch der Menschen geschlagen haben«, wie Alexei Tolstoi schrieb, »mochten auch die gehorsamen Bauern in dem gewaltigen Luftzug umkommen, ohne zu wissen, wer ihr Leben forderte und warum; mochte auch ein Riß von oben nach unten durch die tiefe Reglosigkeit gehen – das Fenster wurde aufgestoßen, und durch die baufälligen Häuser blies ein frischer Wind, jagte die verschlafenen Bewohner von den warmen Öfen, und die russischen Menschen schwärmten und wimmelten an den vorgeschobenen Grenzen umher, um ein gemeinsames, staatliches Werk zu tun.«

Nach Alexander Puschkin trat Rußland in den »Kreis der europäischen Mächte wie ein vom Stapel laufendes Schiff, begleitet vom Schlagen der Äxte und dem Donnern der Kanonen«. Das Aufblühen der Industrie, der Aufbau der nordischen Flotte, das größte stehende Heer Europas, die Erweiterung diplomatischer, kultureller und geschäftlicher Verbindungen, die Unterwerfung der Kirche unter den Staat, eine neue Hauptstadt, ein Alphabet, ein neuer Kalender, neue Schulen, die Akademie der Wissenschaften, die erste russische Zeitung, eine neue Regierungsstruktur – dies alles untergrub den traditionellen Lebensstil, der dem Ansturm der Reformen Peters nicht standhalten konnte. Allerdings forderte die schnelle Umwandlung des traditionellen Moskauer Zartums in das große russische Imperium einen hohen Preis: das Ausbluten des Landes und eine dramatische Verschlechterung des Loses der breiten Massen.

Nach Peters Tod brach eine ähnliche Zeit der Wirren an wie im frühen 17. Jahrhundert nach dem Tod Iwans IV. (des Schrecklichen) und seiner unmittelbaren Nachfolger. Diese Jahre waren geprägt von erbitterten Machtkämpfen verschiedener Adelsgruppen, die mit den Interessen der Menschen und des Staates wenig im Sinn hatten. Es war eine Epoche der Opportunisten, Günstlinge, Gardeoffiziere, eine Zeit der Palastrevolutionen. Deren letzte (Ende Juni 1762) brachte die Gemahlin Peters III. (der bald nach dem Staatsstreich unter nie ganz geklärten Umständen starb) auf den Thron – jene deutsche Prinzessin Sophie Friederike Auguste von Anhalt-Zerbst, die als Katharina die Große Geschichte machte. Während ihrer 34 Jahre dauernden Herrschaft bewies Katharina, die sich selbst als Nachfolgerin und geistige Erbin Peters des Großen betrachtete, außerordentliche Intelligenz, Energie und Charakterstärke. Vorausschauender als andere Monarchen, gelang es ihr, mit den Denkern der französischen Aufklärung auf freundschaftlichem Fuß zu stehen und zugleich den Absolutismus in Rußland zu festigen. Unter ihrer Herrschaft genoß der Adel ein goldenes Zeitalter; aber die Adelsprivilegien versetzten dem russischen Bauern einen Schlag und lösten eine nie zuvor dagewesene Welle von Bauernaufständen aus. Der größte wurde von Jemeljan Pugatschow angeführt, einem Kosaken, der sich als Peter III. ausgab. Die Gewalt dieser Massenerhebung war so groß, daß Katharina, die erst nach der Exekution des Anführers aufatmen konnte, das Ruder hart nach rechts riß und das Prinzip der Selbstherrschaft noch eifriger verfocht.

Die historische Uhr Rußlands, die während der ersten Jahre von Katharinas Herrschaft die der europäischen Nachbarn einzuholen schien, ging wieder langsamer. Im frühen 19. Jahrhundert ließen die krassen Unterschiede zwischen Europa und Rußland, deren die russischen Armeen während der Kriege gegen Napoleon ansichtig wurden, die fortschrittlichen Menschen sich ihres Landes schämen. Ein rapider Wechsel schien ihnen geboten. Die Mitglieder der nördlichen und der südlichen Geheimgesellschaft mit den Theoretikern Murawjow und Pestel wollten Alexanders I. zaghafte und erfolglose Versuche zur Befreiung der Leibeigenen durchsetzen und hofften mit Hilfe eines Militärputsches am Tag der Thronbesteigung Nikolaus' I. die Macht zu ergreifen. Die tapfere Tat der adligen Revolutionäre am 26./14. Dezember 1825 – als 3000 Eidesverweigerer verschiedener Regimenter auf den Senatsplatz geführt wurden und Nikolaus' Abdankung zu erzwingen hofften – markierte den Beginn der Befreiungsbewegung in Rußland.

Nikolaus' reaktionäres Regime lähmte Rußland, was Mitte des 19. Jahrhunderts in allen Lebensbereichen mit Händen zu greifen war. Im Krimkrieg (1853–1856) standen die russischen Soldaten den englischen und französischen Truppen, die bereits die neueren Karabiner verwendeten, mit veralteten Waffen gegenüber. Sinkendes internationales Ansehen, eine primitive Industrie, eine mittelalterliche Landwirtschaft mit dreißig Millionen Leibeigenen, schwere soziale und ethnische Spannungen in dem ganzen riesigen, von Polen bis Alaska reichenden Land – das war der eigentliche Inhalt der Worte, die Nikolaus kurz vor seinem Tod an seinen Sohn richtete: »Ich übergebe Dir das Kommando, leider aber nicht in jener Ordnung, wie ich sie gewünscht hätte.«

Selbst Alexanders II. Reformen in den sechziger Jahren – im besonderen die Bodenreform, die schließlich die Leibeigenschaft aufhob – machten die Bauern nicht zu Landbesitzern. Die erhabene Idee der Freiheit blieb für viele von ihnen eine abstrakte Vorstellung ohne Zusammenhang mit der rauhen Wirklichkeit ihrer fortdauernden Abhängigkeit.

Beim Übergang ins 20. Jahrhundert war Rußland innerlich zerrissen. Obwohl es einen relativ entwickelten Kapitalismus gab, hinkte das Land den führenden kapitalistischen Nationen – England, Frankreich, Deutschland und den USA – in Produktionsumfang und -standard hinterher. Die Monopolbildung in bestimmten Industriezweigen und die Konzentration der Produktion waren weit fortgeschritten. Bodenschätze und billige Arbeitskräfte zogen ausländische Investitionen an; in manchen Industrien machten sie bis zu fünfzig Prozent aus. Dennoch zeigten sich in vielen Lebensbereichen die Überreste des feudalen Rußlands der Leibeigenschaft. »Die rückständigste Landwirtschaft, die primitivsten Dörfer – und der am weitesten entwickelte Industrie- und Finanzkapitalismus« – so beschrieb Lenin die Lage Rußlands zur Jahrhundertwende.

Das ökonomische Haupterbe der Leibeigenschaft bestand im unveränderten Überwiegen des Großgrundbesitzes. 30 000 Landbesitzer (einschließlich des Zaren) besaßen genausoviel Land wie 10,5 Millionen Bauernhaushalte. Dem Zarenreich mangelte es zu Beginn des 20. Jahrhunderts an vielen demokratischen Grundrechten: etwa an Presse- und Versammlungsfreiheit, am Recht auf freie Meinungsäußerung. Die ethnische Vielfalt komplizierte die Situation noch. Viele große und kleine nichtrussische Nationalitäten, 57 Prozent der Gesamtbevölkerung und offiziell als »fremdstämmig« bezeichnet, waren einer brutalen Ausbeutung unterworfen.

Die ersten Geheimgesellschaften – die »hundert Verschwörer« (die zukünftigen Dekabristen), die »Heldenphalanx«, wie der Schriftsteller Alexander Herzen sie nannte, die »aus reinem Stahl geschmiedeten Recken« – und die stürmischen Ereignisse, die 1917 »die Welt erschütterten«, um mit John Reed zu sprechen, lagen ein Jahrhundert auseinander. Es war ein dynamisches Jahrhundert, das Kriege und Revolutionen sah, den Zusammenbruch der Leibeigenschaft und den Sturz der Dynastie Romanow, die Rußland über dreihundert Jahre lang regiert hatte. Dieses Zeitalter sah den Aufschwung liberaler sozialer Ideen, wachgerufen durch Alexander Herzens im Exil veröffentlichte Zeitschrift *Kolokol* (Die Glocke) und in den Schriften der Revolutionären Demokraten, russischer Sozialutopisten, und der ersten proletarischen Revolutionäre entwickelt. Es war ein Zeitalter, das einerseits die weltweite Anerkennung russischer Wissenschaftler, Schriftsteller und Künstler, einen Wandel des sozialen Bewußtseins und das Aufblühen des Kapitalismus sah, der dem Land neue Möglichkeiten eröffnete, und andererseits die rückständige Wirklichkeit des bäuerlichen Rußlands mit seinen zahlreichen die Entwicklung lähmenden Überbleibseln der Leibeigenschaft.

Zu Beginn des 20. Jahrhunderts rief dies wie zu Gogols Zeit eine Gefühlsmischung aus Stolz, Trauer und Zorn hervor, die die

»Blutsonntag«. Am Winterpalast. 22./9. Januar 1905
Am 22./9. Januar 1905 marschierten über 140 000 Arbeiter mit einem Bittgesuch an den Zaren zum Winterpalast. Ihr naiver Glaube an den Herrscher endete in einem Kugelhagel. Es gibt keine genauen Angaben über die Zahl der Toten und Verletzten; manche schätzen sie auf 5000. Von dieser Tragödie gibt es keine Aufnahmen. Das hier abgebildete Photo entstand einige Stunden vor den ersten Schüssen.

Das Technologische Institut, in dem 1905 das erste Treffen des Petersburger Arbeiterdeputiertensowjets stattfand.
Während der Revolution von 1905 nahm das politische Interesse der Massen rapide zu. Arbeiterdeputiertensowjets schossen förmlich aus dem Boden. Der Petersburger Sowjet wurde am 30./17. Oktober 1905 gegründet: Vertreter der einzelnen Fabriken kamen gegen Mittag zu einer riesigen Versammlung am Technologischen Institut zusammen, und am Abend fand das erste Treffen des Arbeiterdeputiertensowjets statt. Der Sowjet vertrat etwa 200 000 Arbeiter. Erster Vorsitzender war der parteilose Rechtsanwalt G. S. Chrustaljow-Nossar. Nach seiner Inhaftierung folgte ihm Leo Trotzki.

besten Köpfe Rußlands, ihrer Verantwortung für das Schicksal des Landes mehr und mehr bewußt, nach einem Ausweg suchen ließ. Jedes Jahrzehnt brachte neue Erfahrungen im leidvollen Kampf um die Freiheit. Der Freiheitsgedanke wurde durch die Ideen des Nihilismus und durch die Aktivitäten der Terroristen vorangetrieben, durch die Opfer der »Narodniki« (Populisten, die ihre Hoffnung auf den Bauernstand setzten), durch anarchistische Revolten, durch unvermeidliche Opfer und Irrtümer und schließlich durch den Verzicht auf den naiven, sinnlosen Glauben an einen weisen, väterlichen Monarchen, der unermüdlich für seine Untertanen sorge.

Rußlands Eintritt in eine neue und zugleich abschließende Phase der Freiheitsbewegung, die alle gesellschaftlichen Schichten miteinbezog, war ein zwangsläufiges und logisches Phänomen, das mitten ins Herz des riesigen Reiches traf. Da Petersburg durch undurchdringliche Wälder vom restlichen Rußland so gut wie abgeschnitten war, hatten die zahllosen Bauernaufstände, die das Land zwei Jahrhunderte lang erschütterten und die Besitztümer des Adels heimsuchten, die Stadt unberührt gelassen. Die Kriege Rußlands gingen an ihr vorbei, selbst der Feldzug Napoleons, in dessen Verlauf die alte Hauptstadt Moskau nach der Schlacht bei Borodino niedergebrannt wurde. Aber der letzte Akt des historischen Dramas spielte in Petersburg.

Angestachelt durch die tragischen Ereignisse im Russisch-Japanischen Krieg (1904–1905), getränkt vom Blut Tausender in den Straßen der Hauptstadt Niedergeschossener, erzwang die Revolution von 1905 vom Monarchen ein Manifest, das die wichtigsten Freiheitsrechte gewährte, und die Reichsgrundgesetze von 1906, die die – eingeschränkte – Kompetenz der gewählten Duma regelten. Die wichtigsten Parteien des russischen Bürgertums – die Konstitutionellen Demokraten (nach den Anfangsbuchstaben »Kadetten« genannt), der Verband des 17. Oktober (Oktjabristen), nach den Worten des Kadettenführers Pawel Miljukow »Seiner Majestät Opposition und nicht in Opposition zu Seiner Majestät« –, die Sozialrevolutionäre, deren wichtigste Basis der Bauernstand bildete, die Russische Sozialdemokratische Arbeiterpartei, die sich 1903 in Menschewisten und Bolschewisten (unter der Leitung Lenins) spaltete, Anarchisten und eine Unmenge anderer Parteien und Gruppen bildeten Rußlands breites politisches Spektrum.

Die üppigen, verschwenderischen Feste zu Beginn des 20. Jahrhunderts anläßlich des zweihundertsten Jahrestags der Grundsteinlegung Petersburgs (1903), der Jahrestage der Schlacht bei Poltawa (1909) und der Schlacht bei Borodino (1912), die großartigen Feierlichkeiten zum dreihundertjährigen Bestehen der Dynastie Romanow (1913), die zahlreichen Bälle und Empfänge der oberen Zehntausend verschleierten zunächst, daß das Fundament der Autokratie bröckelte. Aber im Mahlstrom der europäischen Diplomatie, in Hofintrigen verstrickt und – dies vor allem – unfähig, die sozialen und wirtschaftlichen Probleme der russischen Gesellschaft zu bewältigen, steuerte die Autokratie auf ihren Untergang zu.

Die Photos aus den ersten Kriegstagen zeigen die Gesichter dem Untergang geweihter Menschen, die ihr Los noch nicht kennen: den Zaren, der mit der Kriegserklärung praktisch sein Todesurteil unterschrieb; loyale Untertanen, die vor dem Winterpalast Patriotismus demonstrieren und bald in alle Welt zerstreut sein sollten, einen Kaiser verfluchend, der keine Zugeständnisse machte und so alles verlor; junge Rekruten auf dem Marsch in die Schützengräben, ins Massengrab – sie alle standen vor einem langen Weg ins Nichts.

Die Geschichte Petersburgs neigte sich ihrem Ende zu; bald sollte die Geschichte Petrograds und kurz danach die Leningrads beginnen.

Politische Gefangene auf dem Weg in die Verbannung ins Gebiet Turuchansk. Konstantinograder Straße Nr. 6. 15./2. August 1906
Nikolaus II. verfügte während der Revolution von 1905 die Bildung von Militärgerichten (sie fällten von August 1905 bis April 1906 mehr Todesurteile, als es in den achtzig Jahren davor gegeben hatte). In der ersten Welle der Reaktion, die die Hauptstadt traf, wurden etwa 7000 Menschen in die Verbannung geschickt, etwa 1000 inhaftiert, 13 Zeitungen und Magazine verboten, 42 Druckereien zeitweilig geschlossen, Demonstrationen und Versammlungen untersagt und viele Gewerkschaften aufgelöst. Zugleich erließ der Zar am 30./17. Oktober 1905 ein Manifest, das grundlegende Bürgerrechte und die Bildung einer »repräsentativen« Duma versprach.

Feierlichkeiten anläßlich des zweihundertjährigen Bestehens von St. Petersburg. Peters Boot wird aus dem Häuschen des Zaren herausgetragen. 1903
Peters Boot zählt zu den wichtigsten Reliquien der russischen Marine. Mit diesem Gefährt erlernte der junge Zar auf der Jausa und einem See bei Ismailowo in der Nähe Moskaus die Grundbegriffe der Navigation.

Denkmal Peters I. (nicht erhalten). Peterhof. Um 1900
Die Bronzeplastik erinnert an eine Episode während des Frankreichbesuchs des Zaren (Mai–Juni 1717). Beim Abschied von König Ludwig XV. nahm Peter den Siebenjährigen in die Arme und rief – so die Legende – aus: »Ganz Frankreich ist in meinen Händen!«

Unten:
Denkmal des »Zimmermann-Zaren« (nicht erhalten). Admiralitätsufer. 1910
Ein symbolisches Denkmal: Die widersprüchliche und umstrittene Persönlichkeit Peters I., eines impulsiven und despotischen Monarchen, dessen Verhalten seine Zeitgenossen häufig schockierte, nötigte zugleich tiefen Respekt ab. Unduldsam gegenüber Faulheit und Trägheit, interessierte Peter sich sehr für Wissenschaft und Handwerk und erwarb sich den Ruf eines nimmermüde Schaffenden. Alexander Puschkin schrieb: »Ein Werkmann auf dem Thron, fürwahr, / Im Schiffsbau tätig, in der Schmiede, / Gelehrter, Held in Kriegsgefahr, / Als Schöpfer Rußlands nimmermüde!« Peter kannte sich in Geographie, Mathematik, dem Festungswesen, in Astronomie und ganz besonders im Schiffbau aus; nach seinen Plänen entstanden Festungen und Schiffe.

Denkmal »Peter, der Retter« (nicht erhalten). Admiralitätsufer. 1903
Das Denkmal zeigt eine Episode aus dem Leben Peters I., der den Bau der ersten russischen Flotte persönlich überwachte und an Manövern und Gefechten teilnahm.

Unten:
Enthüllung eines Denkmals für Peter I. (nicht erhalten), nahe der Samsonkathedrale. 1909
Dieses Denkmal wurde anläßlich der Zweihundertjahrfeier der Schlacht bei Poltawa enthüllt. Die Schlacht stellte einen Wendepunkt im Nordischen Krieg zwischen Rußland und Schweden dar.

Die zerstörte Equipage des Innenministers Plehwe nach dem Attentat. 1904

Der Innenminister Wjatscheslaw von Plehwe starb durch eine ein Pfund schwere Bombe, die ein Terrorist, der Sozialrevolutionär Jegor Sasonow, am 28./15. Juli 1904 geworfen hatte. Rußland wurde damals von einer regelrechten Welle von Attentaten heimgesucht. Der Ehrenkodex der Sozialrevolutionäre verlangte, daß ein Attentäter nach dem Anschlag auf ein Regierungsmitglied, das die Partei wegen »Verbrechen am Volk« zum Tode verurteilt hatte, sich weder entfernte noch der Polizei Widerstand leistete, sondern sein Leben dem Gericht überantwortete. Jegor Sasonow wurde bei dem Attentat selbst schwer verletzt.

Ein halbes Jahrhundert später schrieb Albert Camus, fasziniert von der außergewöhnlichen Persönlichkeit eines sozialrevolutionären Terroristen, Iwan Kaljajew, das Drama *Die Gerechten,* das von den letzten tragischen Tagen des Revolutionärs handelt. Seit damals folgten jedoch nur wenige Attentäter, ob in Rußland oder anderen Ländern, dem Prinzip, freiwillig mit ihrem Leben zu bezahlen.

Empfang der Matrosen nach der Schlacht bei Tschemulpo. 29./16. April 1904

»Das neue Jahr begann fortissimo mit dem Donnern des plötzlichen Krieges mit Japan«, erinnerte sich der Künstler Alexander Benois. »Er kam für uns, für die Menschen meiner Umgebung, völlig unerwartet. Aber offensichtlich waren auch andere Kreise – solche, ›die Bescheid wissen sollten‹ – nicht recht vorbereitet. Dies war der erste richtige Krieg, in den Rußland seit 1878 verwickelt wurde, aber für einen richtigen Krieg hielt ihn anfangs keiner.« Innenminister von Plehwe glaubte, es werde ein »kleiner siegreicher Krieg«, den Rußland brauche, um »die Revolution zu bändigen«. Der erwartete Sieg sollte die wachsenden inneren Spannungen entschärfen. Aber entgegen allen Erwartungen erlitt Rußland eine Niederlage, und die Herrschenden mußten daraus das Beste machen. So bereitete Petersburg den aus dem Fernen Osten zurückkehrenden, tragisch tapferen Seeleuten einen derart prunkvollen feierlichen Empfang, wie er von den Römern ihren siegreichen Feldherren hätte bereitet werden können. Man begrüßte die heldenhaften Mannschaften des Kreuzers *Warjag* und des Kanonenbootes *Korejez*, die bei Kriegsausbruch im neutralen koreanischen Hafen Tschemulpo lagen. Nach einer ungleichen Schlacht mit einem japanischen Flottengeschwader versenkten die Besatzungen selbst ihre Schiffe.

Im Russisch-Japanischen Krieg verwundete Soldaten werden ins Nikolaus-Militärkrankenhaus, Suworowprospekt Nr. 63 gebracht. 1905

320

Feierliche Eröffnung der Kolomnaer Abteilung der »Vereinigung Russischer Fabrik- und Werkstättearbeiter« in Petersburg. In der Mitte Georgi Gapon und der Stadtkommandant Fullon. November 1904

Die Vereinigung der Fabrik- und Werkstättearbeiter diskutierte verschiedene Entwürfe der Petition an den Zaren, in der sie ihre Anliegen und Forderungen formulierte. Die endgültige Fassung, die Georgi Gapon in der Nacht zum 20./7. Januar 1905 unterzeichnete und die er Nikolaus II. in Begleitung einer Arbeiterdeputation überreichen wollte, begann mit den folgenden Worten: »Ihre Majestät! Wir, die Arbeiter der Stadt St. Petersburg, unsere Frauen, Kinder und hilflosen greisen Eltern, sind zu Dir, Gossudar, gekommen, um Gerechtigkeit und Schutz zu suchen. Wir sind verelendet, wir werden unterdrückt, über unsere Kraft mit Arbeit belastet, man verhöhnt uns, man läßt uns nicht als Menschen gelten. Man behandelt uns wie Sklaven, die ihr bitteres Schicksal schweigend tragen müssen. Wir duldeten all dies, aber man stößt uns immer weiter und weiter in den Pfuhl der Armut, der Rechtlosigkeit und der Unwissenheit. Despotismus und Willkür würgen uns, und wir ersticken. Unsere Kräfte versagen, Gossudar, unsere Geduld ist erschöpft. Wir sind bei dem furchtbaren Augenblick angelangt, in dem der Tod willkommener ist als die Fortsetzung der unerträglichen Qualen.«

Oben:
Kundgebung vor der Kaiserlichen Universität St. Petersburg. 31./18. Oktober 1905

Von den »Schwarzen Hundertschaften« anläßlich der Veröffentlichung des Oktobermanifests des Zaren organisierter Gottesdienst. Heumarkt. 31./18. Oktober 1905
Aus der Charta des »Bundes des russischen Volkes«: »Die Zukunft des Landes liegt in der unerschütterlichen Erhaltung der russischen Autokratie, Orthodoxie und Nationalität, in der Einrichtung der Reichsduma und der Festigung von Recht und Ordnung.« Graf Sergei Witte gab zu: »Es war schwer, die Agenten der Geheimpolizei und der Sicherheitsabteilung von den Mitgliedern des sogenannten Bundes des russischen Volkes zu unterscheiden.«

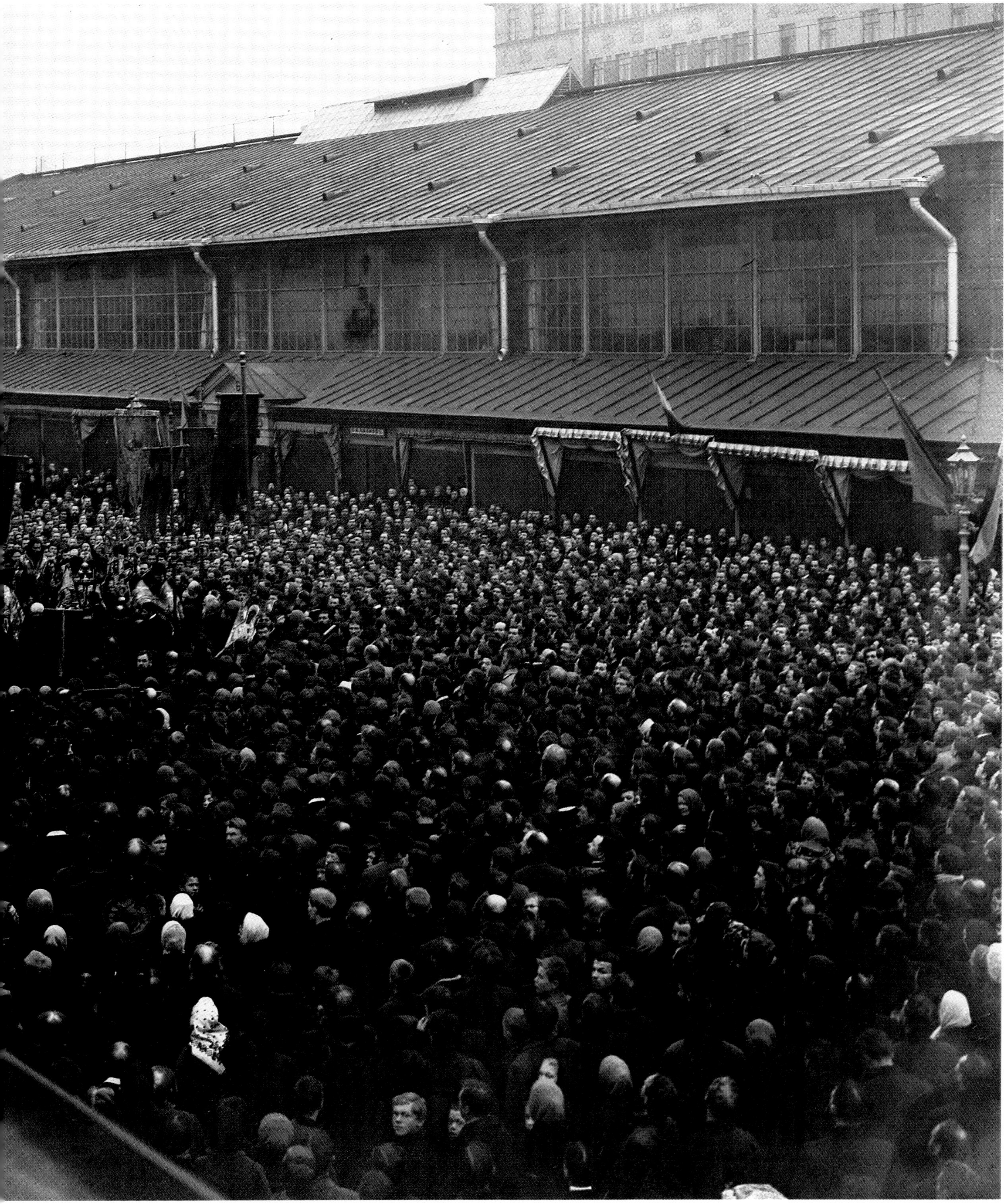

Georgi Walentinowitsch Plechanow, führender Theoretiker des Marxismus. Um 1910
Bereits 1883 organisierte Plechanow in Genf die marxistische Gruppe »Befreiung der Arbeit«. Sie bildete später die Basis der Russischen Sozialdemokratischen Arbeiterpartei, deren politisches Nahziel (formuliert in dem beim zweiten Kongreß 1903 beschlossenen Programm) der »Sturz der zaristischen Autokratie und die Errichtung einer demokratischen Republik« war. Ende 1903 schloß Plechanow sich dem menschewistischen Flügel der Partei an; nach der Februarrevolution von 1917 nach Rußland zurückgekehrt, leitete er die Menschewistengruppe »Einheit«, die die Ansicht vertrat, Rußland müsse sich im Krieg gegen Deutschland verteidigen. Plechanow sah Rußland als noch nicht reif für sozialistische Umwälzungen an und stand der Oktoberrevolution skeptisch gegenüber, ohne sich jedoch der Sowjetmacht zu widersetzen.

Wladimir Iljitsch Uljanow (Lenin) zusammen mit Mitgliedern des Petersburger »Kampfbundes zur Befreiung der Arbeiterklasse«. V. l. n. r.: stehend A. L. Maltschenko, P. K. Saporoschez, A. A. Wanejew; sitzend W.W. Starkow, G. M. Krschischanowski, W. I. Uljanow, L. Martow (Ju. O. Zederbaum). 27./15. Februar – 2. März/ 18. Februar 1897
Zum Entstehen dieses Photos schrieb L. Martow, daß sich die verurteilten Mitglieder des Kampfbundes am Vorabend ihrer Verbannung nach Sibirien eine unerhörte Freiheit herausnahmen, die in gewisser Hinsicht mit den konspirativen Regeln brach.

Unten:
Abgeordnete der dritten Duma. 1907–1912
Die dritte Duma (14./1. November 1907–22./9. Juni 1912) war als einzige der vier russischen Dumas eine volle fünfjährige Wahlperiode lang tätig. Die Arbeiter wurden von sechs Abgeordneten vertreten, darunter vier Bolschewisten: M. G. Poletajew (sitzend, 2. v. l.), M.W. Sacharow, S. A. Woronin, P. I. Surkow.

Bankett der Konstitutionell-Demokratischen Partei. 1910–1912
Aus dem Programm der Konstitutionell-Demokratischen Partei, verabschiedet beim ersten Parteikongreß im Oktober 1905: »Das oberste Gesetz des Russischen Reiches sollte allen Völkern des Reiches nicht nur die volle bürgerliche und politische Gleichheit aller Bürger garantieren, sondern auch das Recht auf freie kulturelle Selbstbestimmung.«
Pawel Miljukow, der Parteiführer der Kadetten, schrieb: »Das Wesentliche unserer Taktik besteht darin, die revolutionäre Bewegung in einen parlamentarischen Kampf zu überführen. Für uns bedeutet die Festigung des freien politischen Lebens ein Mittel zur Beendigung und nicht zur Fortführung der Revolution.«

Versammlung der Mitglieder des »Verbandes des 17. Oktober« in der Duma. 1913
Aus dem Appell und Programm des Verbandes: »Über die zahllosen privaten und lokalen Interessen, über die einseitigen Ziele verschiedener Klassen, sozialer Schichten, Nationalitäten und Parteien erhaben, ist die Monarchie unter den gegenwärtigen Bedingungen aufgerufen, ihre Mission zu erfüllen: in den akuten politischen, nationalen und sozialen Kämpfen ein friedensstiftendes Element zu sein; durch die Proklamation der bürgerlichen und politischen Freiheit gibt es dafür breiten Raum.«

Das Sommerhaus in Oserki, in dem Georgi Gapon ermordet wurde; auf der Veranda Gerichtsexperten. April 1906
Der Pope Georgi Apollonowitsch Gapon, der als Spiritus rector der Prozession vom 22./9. Januar 1905 eine so dramatische Rolle spielte, eine komplexe, schillernde Persönlichkeit von zweifelhaftem Ruf, stand im Verdacht, Verbindungen zur zaristischen Sicherheitspolizei zu haben. Nach seiner Rückkehr aus dem Ausland, wohin er sich nach dem Blutsonntag geflüchtet hatte, wurde er als Agent provocateur entlarvt, und eine Gruppe Arbeiter (ehemalige Anhänger) erhängte ihn in einem abgeschiedenen Sommerhaus in Oserki, einem Vorort von Petersburg. Die Exekution fand am 10. April/28. März 1906 statt; der Leichnam wurde erst einen Monat später von der Polizei gefunden.

Der Leichnam des Georgi Gapon. Oserki. April 1906

Terroristen überfallen einen Geldtransport. Fonarny-Gasse. Oktober 1906

Der Überfall auf den Geldtransport fand am 27./14. Oktober kurz vor Mittag an der Ecke Fonarny-Gasse und Katharinenkanal statt. Nachdem die Terroristen mehrere Bomben auf die Eskorte und zwischen die Hufe der Kutschpferde geworfen hatten (in der Kutsche transportierte der stellvertretende Schatzmeister des Hafenzollamts über 600 000 Rubel – Schatzbriefe, Obligationen und Bargeld), schossen sie mit Revolvern und raubten mehrere Geldsäcke im Wert von 398 772 Rubel und 24 Kopeken.
Die zweite Versammlung des Rates der »maximalistischen« Sozialrevolutionäre (im letzten Drittel des Oktobers 1906) entschied in der Frage der Expropriation: »1. Im Einklang mit dem Beschluß des ersten Parteikongresses ist nur die Konfiszierung von Regierungsgeldern und -waffen erlaubt. Wer Privateigentum enteignet, wird automatisch aus der Partei ausgeschlossen. 2. Jede Enteignung darf nur mit der Genehmigung und unter der Leitung des Regionalkomitees ausgeführt werden, wobei das Komitee danach trachtet, die Initiative zu ergreifen und größere Enteignungen durchzuführen.«

Das Landhaus von Pjotr Stolypin auf der Apothekerinsel nach der Bombenexplosion. 25./12. August 1906

»Wir beschlossen, Stolypin um jeden Preis zu töten«, sagte O. Klimowa, die das Attentat vorbereiten half. »Da wir sicher waren, daß die Exekutoren nicht ins Ministerium würden eindringen können, bauten wir besonders starke Sprengladungen, jede 16 Pfund schwer, die das Landhaus völlig zerstören würden. Uns war natürlich klar, daß möglicherweise auch unschuldige Opfer getroffen würden, da der Minister am 12. August einen Empfang geben wollte. Unter Gewissensqualen fiel schließlich die Entscheidung, den Tod Außenstehender in Kauf zu nehmen; aber wir waren überzeugt, daß dies – mit Blick auf die verbrecherischen Handlungen Stolpyins – unvermeidlich war.«
Drei Mitglieder der Sozialrevolutionäre (»Maximalisten«) fuhren mit dem Landauer vor der Datscha des Ministers vor und eilten mit ihren Aktentaschen zum Eingang. Ein Wachtposten bemerkte den falschen Bart eines der Männer, stürzte auf ihn zu und versuchte, ihm die Aktentasche zu entreißen. In diesem Augenblick schrien alle drei Attentäter: »Es lebe die Freiheit! Es lebe die Anarchie!« und ließen gleichzeitig ihre Aktentaschen fallen. Durch die Explosion wurden 32 Menschen getötet und 21 verletzt. Die Terroristen starben; der Minister blieb unversehrt.

Links:
Mitglieder der ersten Duma vor einem Gefängnistor. Zeughauskai Nr. 5. 1908
Nachdem die Kadetten einen Antrag vorgelegt hatten, gemäß welchem die Großgrundbesitzer einen Teil ihres Landes gegen Entschädigung abgeben sollten, dekretierte Nikolaus II. im Juli 1906 die Auflösung der ersten Duma. 180 aufgebrachte Deputierte reisten ins finnische Wyborg und veröffentlichten einen Aufruf an das Volk, für die Duma »aufzustehen« und bis zum Zusammentreten einer neuen Duma »dem Schatzamt keine Kopeke und dem Heer keinen Soldaten« zu geben. Die Teilnehmer der Wyborger Versammlung wurden hart bestraft: Sie wurden entlassen, Kirchenmänner aus dem Amt gejagt, Adlige aus den Adelsgesellschaften ausgestoßen. In einem Gerichtsverfahren, das vom 25./12. bis 31./18. Dezember 1907 stattfand, wurden 167 Mitglieder der ersten Duma zu drei Monaten Gefängnis verurteilt.

Oben:
Wladimir Nabokow (rechts), Mitglied der ersten Duma und Unterzeichner des »Wyborger Appells«, auf dem Weg ins Gefängnis
Der Schriftsteller Vladimir Nabokov erinnerte sich später: »Nachdem mein Vater einer der Führer der Konstitutionell-Demokratischen Partei geworden war, wies er alle Würden, die seinen Vorfahren so reichlich zuteil geworden waren, verächtlich zurück. Während eines Banketts lehnte er es ab, sein Glas auf die Gesundheit des Monarchen zu erheben – und inserierte seelenruhig in Zeitungen, um seine Hofkleidung zu verkaufen. [...] Dies war lange vor jener Nacht im Jahre 1922, als mein Vater in Berlin in einem Vortragssaal Miljukow mit seinem Körper vor den Kugeln zweier Schurken schützte und, während er einen der beiden niederschlug, durch einen Schuß in den Rücken tödlich verletzt wurde.«

Nikolaus II. auf dem Balkon des Winterpalastes vor der öffentlichen Erklärung von Rußlands Kriegseintritt. 2. August/ 20. Juli 1914
Nach der Kriegserklärung Österreich-Ungarns an Serbien ordnete Nikolaus II. am Abend des 30./17. Juli die Generalmobilmachung an. Das Dekret wurde am 31./18. Juli veröffentlicht, und gegen Mitternacht stellte Deutschland Rußland ein auf zwölf Stunden befristetes Ultimatum, in dem die Einstellung der Mobilmachung gefordert wurde. Am Abend des 1. August/19. Juli ersuchte der deutsche Botschafter in Rußland, Graf Pourtalès, den Außenminister Sergei Sasonow um eine Antwort. Als er einen negativen Bescheid erhielt, überreichte Graf Pourtalès Sasonow eine diplomatische Note, in der Deutschland Rußland den Krieg erklärte. Am nächsten Tag wurde dem russischen Volk ein Manifest verlesen, das Rußlands Eintritt in den Krieg verkündete.

Mobilisierte Soldaten auf dem Weg in die Kasernen. Marsfeld. August 1914

Petersburger warten vor einem Zeitungsverlag auf erste Nachrichten von der Front. Kreuzung Newski-Prospekt und Gartenstraße. August 1914

Hauptstadt des Reiches

Mitglieder der kaiserlichen Familie an Bord einer Jacht vor der Wassiliinsel. 1903

Parade der berittenen Polizei auf dem Marsfeld. 27./14. Juli 1909

Der französische Präsident Raymond Poincaré bei der Ankunft in Petersburg. V. l. n. r.: Poincaré, Ministerpräsident Viviani, Vizeadmiral Le Beri an Deck der *France*. Juli 1914

HAUPTSTADT DES REICHES

Jahrhundertelang war der byzantinische Doppeladler das Wappentier des moskowitischen und des Russischen Reiches. Die russische Autokratie sah sich in der Nachfolge Byzanz', das wiederum der Erbe Roms war. Dieser Gedanke wird in der Formel »Moskau ist das dritte Rom« ausgedrückt. Der königliche Raubvogel, dessen gekrönte Köpfe nach Westen und nach Osten blicken, stand für ein Reich, das sich Tausende von Kilometern über den eurasischen Kontinent erstreckte. Ethnisch ein Mosaik – einem Europäer erscheint es asiatisch, einem Asiaten europäisch –, war es jahrhundertelang zwischen den verschiedenen Kulturen und Traditionen zerrissen.

Peter I. widmete sein Leben der Reformierung Rußlands, wobei er oft unbarmherzig und despotisch vorging. Mit Peitsche und Bajonett erzwang er Bildung und Fortschritt und trieb das alte, zurückgebliebene moskowitische Reich voran. Zwar wurde Rußland unter Peters Herrschaft eine europäische Macht, aber es mischte sich nicht »stark und elegant ins bunte Treiben der Großmächte«, schrieb Alexei Tolstoi. »An den Haaren herbeigeschleift, blutend, wahnsinnig vor Angst und Verzweiflung, bot es sich seinen neuen Verwandten in einem bemitleidenswerten und ungleichen Zustand dar – als Sklave. Wie eindrucksvoll das Donnern der russischen Kanonen auch sein mochte – das riesige Land blieb in den Augen der ganzen Welt sklavisch und unterwürfig.«

Tolstois Worte sind mehr als eine Metapher. Das große Imperium war bis zu seinem Ende ein »Land der Sklaven, ein Land der Herren«. Von der Leibeigenschaft, die der Gesetzeskodex Zar Alexei Michailowitschs, des Vaters Peters I., 1649 endgültig besiegelt hatte – in dem Jahr also, da in England Oliver Cromwell den Sieg über König Karl I. errang –, wurden die russischen Bauern erst 1861 befreit. Um diese Zeit gab es praktisch überall in Europa bereits konstitutionelle Monarchien und parlamentarische Republiken. Aber der russische Bauer konnte noch in der Mitte des 19. Jahrhunderts verkauft, getauscht oder verschenkt werden.

Despotismus, Gesetzlosigkeit und Sklavenmentalität durchtränkten die ganze Gesellschaft. Die Eigenschaften der unteren Klassen, Gehorsam, Geduld und Stummheit, untergruben und verkrüppelten auch die Moral der Landbesitzer, die einerseits eine ungezügelte und willkürliche Herrschaft über ihre abhängigen »Bauernseelen« ausübten, andererseits selbst den Launen und der Gunst des autokratischen Systems – einschließlich der des Monarchen selbst – ausgeliefert waren. Es spricht für sich, daß die Adligen – sogar Peters Blutsverwandte – noch die gegenüber den moskowitischen Zaren üblichen rituellen Formeln der Selbsterniedrigung benutzen mußten: »Euer niederster Sklave, Fedka Romodanowski, schlägt sein altes Haupt auf den Boden zu Euren Füßen und entbietet Euch, Gossudar, seinen unwürdigen Gruß«, schrieb Fürst Fjodor Jurjewitsch Romodanowski, ein berühmter Vertrauter und Lehrer Peters und während dessen Reisen und Feldzügen mit uneingeschränkter Vollmacht versehen. Auch Lew Kirillowitsch Naryschkin, der Onkel des Zaren, mußte diesem den Gruß in fast identischem Wortlaut entbieten. Die Menschen um Peters Nachfolger lebten bei all ihren Privilegien und der Pracht ihrer Güter am Rand eines Vulkans, der sie wohl wärmen, aber auch zerstören konnte, wie es Tausende von Beispielen in der russischen Geschichte belegen. An der Spitze der Machtpyramide stand der absolute Monarch. Er hatte das letzte Wort bei der Verkündigung neuer Gesetze, erhob Steuern nach Lust und Laune, ernannte Minister und hohe Beamte, gab der Regierung Anweisungen und entschied über Krieg und Frieden. Staatsschatz und alle Reichtümer des Reiches waren sein persönlicher Besitz, und er verfügte darüber nach Gutdünken. Seit dem 18. Jahrhundert besaß kein westlicher Herrscher mehr eine solche Machtfülle. Mit größerem Recht als der Sonnenkönig konnte der russische Kaiser behaupten: »L'Etat c'est moi!« Allerdings benötigte er die Unterstützung der Großgrundbesitzer und später die der einflußreichen Bourgeoisie, deren Interessen er berücksichtigen mußte.

Anfang des 19. Jahrhunderts wagte es Alexander I. nicht, die von ihm entworfenen liberalen Reformen durchzuführen, obwohl er die Notwendigkeit einer radikalen Veränderung der Beziehung zwischen Landbesitzern und Bauern durchaus sah. Letztendlich war ein jeder – von der Spitze bis zu den Untersten – Sklave des Reichs, eines selbstzufriedenen, mächtigen bürokratischen Militärstaates. »Die Kombination von Despotismus und Freiheit, Bildung und Sklaverei ist eine politische Quadratur des Kreises, ein Rätsel, mit dem wir uns seit der Zeit Peters I., also seit zweihundert Jahren, herumschlagen und das wir immer noch nicht gelöst haben«, schrieb Wassili Kljutschewski, ein herausragender russischer Historiker, Anfang des 20. Jahrhunderts.

Die russischen Herrscher sahen dieses Paradoxon jedoch nicht: Katharina II. pflegte das Image einer aufgeklärten Kaiserin. Den französischen Enzyklopädisten zugetan, korrespondierte sie mit Voltaire und lud Diderot nach Rußland ein. Sie gab vage Versprechungen hinsichtlich liberaler Reformen und neuer Gesetze ab – bei diesem Unterfangen lasse sie sich von den Ideen Montesquieus und der Aufklärung überhaupt leiten. Die Stände begannen sogar Abgeordnete zu wählen, und Katharina publizierte ihre »Große Instruktion«; die zeugte zwar von ihrer noblen Gesinnung, war aber vorsichtig und in ganz allgemeinen Formulierungen verfaßt und blieb nur ein Stück Papier. Bald brach der große Bauernaufstand unter der Führung Pugatschows aus, ein Krieg gegen die Landbesitzer und Sklavenhalter, und schon ließ die Herrscherin ihre liberalen Ambitionen und ihre Bewunderung für die Aufklärung fallen. Der Aufstand wurde von Regierungstruppen niedergeschlagen, es kam nicht zur Errichtung eines wirklichen Rechtsstaates, und Rußland war wieder »zurück auf Feld eins«.

Die russische Kaiserin war nicht der einzige Monarch, der mit dem Gedankengut des Zeitalters der Vernunft und dem »Geist der Gesetze« liebäugelte. Kaiser Joseph II. zeigte reges und aufrichtiges Interesse für diese Ideen, Friedrich der Große, der sich selbst als Schriftsteller betätigte, protegierte eine Zeitlang Voltaire. Auch ihre Reformen brachten keine großen Veränderungen – allerdings lassen sich wesentliche Unterschiede festhalten: Erstens verfügten diese Monarchen nur über eine begrenzte Macht, und zweitens waren immerhin einige Reformen erfolgreich.

Eine private Unterhaltung zwischen Katharina II. und ihrem Sekretär Alexander Chrapowizki über die Rolle eines »wahren« Monarchen sagt über die Ansichten der aufgeklärten Kaiserin zu den Rechten eines Herrschers mehr als ihre Gespräche mit Diderot, ihre Zeitschriftenartikel und Theaterstücke. Katharina machte eine gebieterische Geste: »Ein Wink von mir weist die Richtung, in die sich alles zu bewegen hat.«

Noch ein erlauchter Schüler der europäischen Aufklärung, Alexander I. (Katharinas Enkel), verzichtete auf liberale Reformen, zu denen wohl auch die Abschaffung der Leibeigenschaft gezählt hätte. Sein Vater war von Verschwörern (Gardeoffizieren und Adligen) ermordet worden, und dies Cäsarenschicksal stand Alexander stets vor Augen.

Dennoch gingen die Aufklärung und die Französische Revolution nicht spurlos an Rußland vorbei. Am 26./14. Dezember 1825 organisierten aristokratische Intellektuelle in Petersburg im Namen des russischen Volkes einen heldenhaften Aufstand gegen Leibeigenschaft und Geistesknechtung, für eine Republik oder zumindest eine konstitutionelle Monarchie. Unter den Rebellen (den »Dekabristen«) waren auch Gardeoffiziere und Kinder von Adligen, darunter viele aus berühmten russischen Familien; einige konnten ihren Stammbaum bis zur legendären Dynastie der Rurikiden, der Herrscher der Kiewer Rus, zurückverfolgen. Ihre Motive waren rein intellektueller Natur und ihren materiellen Interessen entgegengesetzt. Aber als noble und gebildete Idealisten hielten sie an ihren Überzeugungen fest und schufen sich ein eigenes Milieu, das von hohem staatsbürgerlichem Engagement geprägt war. Viele von ihnen hatten auf russischen und europäischen Schlachtfeldern gegen Napoleon gekämpft, und sie gingen aus dieser Erfahrung nicht nur mit einer selbstlosen Liebe für ihr Land hervor, sondern entwickelten auch neue Ideen für dessen Zukunft und Wohlstand. Während die Liberalen auf dem Thron mit den Ideen von Fortschritt, Vernunft, Bildung und Volkswohl bloß kokettierten, kehrten diese Ideen in Form der bewaffneten Rebellion der Dekabristen mit Macht zurück.

Auf Befehl Nikolaus' I. wurden die Dekabristen und die sie unterstützenden Soldaten auf dem Senatsplatz aus kürzester Entfernung beschossen, ganz in der Nähe des »Ehernen Reiters«, des Standbilds des ersten Europäisierers Rußlands, des Begründers und Begründer der Stadt, die Hauptstadt des Landes und »Fenster nach Europa« wurde. Auch darin lag eine historische Symbolik.

Das Reich beantwortete die Revolte der jungen Idealisten mit Kartätschensalven, Tod durch den Strang, Verbannung, Einkerkerung, Verhaftung; Andersdenkende wurden wegen Veröffentlichung kühner Äußerungen oder *Philosophischer Briefe*, wegen der Lektüre und Diskussion der Werke von Saint-Simon, Owen, Fourier und anderer gefährlicher »westlicher Ketzer« in Nervenheilanstalten gesteckt; es entstanden eine Gendarmerie und die berüchtigte Dritte Abteilung Seiner Majestät höchsteigener Kanzlei, ein ganzes System der Gedankenüberwachung.

Graf Sergei Uwarow, ein ehemals liberaler Amateurphilosoph, der die Dekabristen kannte und später Nikolaus' Bildungsminister wurde, bemühte sich um eine »stille Harmonie« zwischen dem zaristischen Rußland der Leibeigenschaft, der Bildung und dem Geistesleben. Die von ihm formulierte Theorie, die diese Harmonie garantieren sollte, gipfelte in den Begriffen »Rechtgläubigkeit, Selbstherrschaft, nationale Eigentümlichkeit«. Damit ließ sich alles erklären, was einer Erklärung bedurfte: die natürliche tiefe Frömmigkeit des russischen Volkes, das das Bild Christi in sich trage und deshalb den westlichen Rationalismus nicht brauche; das besondere Verhältnis zwischen dem Volk und dem Zaren, dem Haupt Rußlands und der russisch-orthodoxen Kirche, wobei der Zar die Rolle eines täglich um das Wohl seiner Kinder besorgten und vor Gott für sie verantwortlichen Vaters innehabe; und, ganz in diesem Geiste, das russische traditionelle Verhältnis zwischen Bauer und Herrn, gesehen als Mitglieder ein und derselben Familie: der Landbesitzer als väterlicher Beschützer einfältiger Bauern, die nicht in der Lage seien, ihre Angelegenheiten und ihr Leben selbst vernünftig zu regeln. Die Theorie unterstrich, daß der westliche Rationalismus mit seinen Ideen des sozialen Fortschritts, des Gesellschaftsvertrags, der Demokratie und der Umstrukturierung des Lebens nach neuen Prinzipien der russischen Seele und dem russischen Geist fremd seien und nur zu sinnlosen, verheerenden Umwälzungen führen würden. Die Revolutionen in Europa dienten den Konservativen als Beweis. Die Formel unterstrich die Gefährlichkeit müßigen »Spekulierens« und den Vorrang des Glaubens gegenüber dem schwachen menschlichen Verstand, die Notwendigkeit einer absoluten, »gottgegebenen« autokratischen Macht zur Ordnung des russischen Lebens und zur Bekämpfung schädlicher westlicher Einflüsse und intellektueller Gärung und die Notwendigkeit allumfassender Kontrolle. Diese »Denkart und Geisteshaltung« wurde als »wahrhaft russisch« und patriotisch dargestellt, und der russische Staat der Rechtgläubigkeit, Selbstherrschaft und nationalen Eigentümlichkeit sollte als das heilige Vaterland betrachtet werden.

Die Kluft zwischen autokratischem Staat und wirklichem Leben, zwischen Imperium und Humanität äußerte sich im beständigen und grimmigen Kampf von Geist und Macht. Die großen russischen Schriftsteller des 19. Jahrhunderts – darunter Nikolai Gogol, Iwan Turgenjew, Fjodor Dostojewski, Michail Saltykow-Schtschedrin, Leo Tolstoi – und die Entwicklung Rußlands im 19. Jahrhundert enthüllen den wahren Wert und Sinn der Uwarowschen Ideologie. Gleichwohl war sie während des ganzen Jahrhunderts bei den Konservativen im Schwange, und sogar heute wirkt sie nach. In der Tat: Das Leben und das menschliche Denken entwickeln sich spiralförmig.

Der russische Absolutismus hat in der Geschichte keine direkte Analogie. Die wachsende Zentralisierung der Staatsmacht, im 15. Jahrhundert ein wichtiger Faktor im Kampf gegen das zweihundert Jahre dauernde Tatarenjoch, unterhöhlte auch Rußlands produktive Kräfte und verzögerte seine Entwicklung dramatisch. Und, wie Alexander Herzen schrieb: »Moskau rettete Rußland, indem es im russischen Leben alle Freiheiten erstickte.« Wegen des übermächtigen Moskau entwickelte sich das riesige Land ungleichmäßig. Die feudalistische Republik Groß-Nowgorod verlor ihre frühere Bedeutung, und andere ehemals ruhmreiche und wohlhabende Zentren der zahlreichen Fürstentümer büßten ihre Identität ein und verkamen zu öden Provinznestern. Die gefährliche Konzentration des politischen, sozialen, wirtschaftlichen und kulturellen Lebens an einem Ort blieb erhalten, nachdem St. Petersburg Hauptstadt geworden war. Obwohl offiziell zweite Hauptstadt, konnte Moskau es nicht mehr mit seinem nördlichen Nachbarn aufnehmen.

St. Petersburg wurde bald zum Brennpunkt der gesamten Staatsmacht. In der Innenstadt entstanden, nicht weit vom prächtigen Winterpalast der Zaren, den luxuriösen Sitzen der Höflinge und den prachtvollen Kirchen entfernt, ganze Straßenzüge mit Gebäuden für Ministerien und andere Regierungsstellen oder Kasernen für die Regimenter der Petersburger Garnison. Alle Herrscher nach Peter dem Großen suchten sich durch die Gestaltung der Stadt und ihrer Umgebung unsterblich zu machen. Die Paläste, die hauptsächlich als Sommerresidenzen dienten, und ihre Parkanlagen wetteiferten in Größe und Eleganz mit den schönsten Architekturensembles und Parks Europas. Peterhof, Gatschina, Zarskoje Selo und Pawlowsk – alle überraschend individuell und verschieden – bildeten eine kostbare Kette um Petersburg; freilich kam jeder dieser Edelsteine das Land und seine Menschen teuer zu stehen.

Obwohl Petersburg in der nordwestlichen Ecke des Landes lag – eines so riesigen Landes, daß im 17. Jahrhundert selbst der schnellste Bote ein Jahr für die Reise von einem Ende zum anderen benötigte –, gelang es dem bürokratischen Apparat, auch über die entlegensten Winkel des Reiches die Kontrolle zu gewinnen. Eine Gestalt in Maxim Gorkis autobiographischem Werk *Meine Universitäten* beschreibt treffend das Wesen der autokratischen Machtstruktur. »›Ein unsichtbarer Faden, eine Spinnwebe‹, sagte dieser Kasaner Schutzmann im Vertrauen, ›geht vom Herzen Seiner Majestät des Zaren aus [...], geht durch die Herren Minister, durch Seine Exzellenz den Gouverneur und durch alle Ränge bis zu mir, ja selbst bis zum niedrigsten Soldaten. Dieser Faden verbindet alles, umspinnt alles, und aufgrund seiner unsichtbaren Stärke wird das zaristische Reich für immer bestehen.‹« Aber vielleicht sagen unparteiische Statistiken mehr als Worte. Während die Zahl der russischen Beamten im Jahre 1796 ungefähr 15 000 bis 16 000 betrug (einer auf 2250 Einwohner), zählte diese Kaste im Jahre 1903 385 000 Angehörige (einer auf 335 Einwohner).

Während Petersburgs Zeit als Hauptstadt wuchs die Armee beständig. Anfang des 20. Jahrhunderts hatte Rußland 1,5 Millionen Soldaten und 40 000 zum Adel gehörende Offiziere. Zu dieser Zeit hatte die Armee zusätzlich zu ihren militärischen Aufgaben auch Polizeifunktionen übernommen. Einerseits trat sie als Befreier auf – beispielsweise auf dem Balkan, dessen Völker über vier Jahrhunderte unter osmanischer Herrschaft gestanden hatten –, andererseits war sie ein Instrument, mit dem jeder Kampf um Freiheit und nationale Unabhängigkeit im Keim erstickt werden konnte. Dennoch stand die Figur des Soldaten traditionell in hohem Ansehen. So trat auch Nikolaus II. stets in Militäruniform auf, meist in der eines Obersts des Preobraschenskischen Regiments. Ein Petersburger Verzeichnis aus dem Jahre 1899 führt Angaben zum Kriegsministerium und zur Armee unmittelbar hinter denen zur kaiserlichen Familie und noch vor den Informationen über den Kaiserhof, den Reichsrat, die einzelnen Ministerien und Verwaltungsinstitutionen auf.

Eine ebenso wichtige Rolle im Leben des Reichs spielten die Gendarmerie und das Innenministerium, Staaten im Staate, mit einem 100 000-Mann-Korps von Gendarmen und Polizisten. Die Wurzeln dieser Tradition reichen letztlich bis in die berüchtigte Herrschaft Iwans des Schrecklichen mit ihrem Unterdrückungs- und Bespitzelungsapparat zurück. Zu Beginn des 20. Jahrhunderts hatte die Entwicklung ihren Höhepunkt erreicht. Polizeispitzel zur Überwachung politisch Verdächtiger waren überall; ein ausgedehntes Netz von Gendarmerie- und Sicherheitsabteilungen umspannte alle Provinzen. Die gewaltige Staatsbürokratie und der Militär- und Polizeiapparat waren eifrige Wächter des Regimes. Die Kirche, eng mit dem Staat verquickt, umfaßte ein Heer von 200 000 Priestern. Peter hatte das Amt des Patriarchen abgeschafft und sich selbst zum Oberhaupt der russisch-orthodoxen Kirche ernannt, womit er die höchste geistliche Macht über seine Untertanen erhielt. Die Kirche wurde vom Heiligsten Synod geleitet, einem Kollegium geistlicher Würdenträger, die vom Zaren auf Empfehlung des Oberprokurors, einer Art Minister des orthodoxen Glaubens, ernannt oder abberufen wurden. Die Metropoliten und Erzbischöfe konnten den Oberprokuror beraten, hatten aber keine Entscheidungsbefugnis.

Die Betrachtung der russischen Geschichte vermittelt den Eindruck, das Land habe jahrhundertelang mit sich selbst in einem Krieg gelegen, der mehr Schaden anrichtete als alle ausländischen Invasionen. Beim Vergleich der Folgen der tatarisch-mongolischen Invasion mit denen der Herrschaft Iwans des Schrecklichen schrieb der Historiker Nikolai Karamsin: »Wenn Batu Khans Joch den Geist der Russen demütigte – die Herrschaft Iwans richtete ihn schwerlich auf.« Karamsin bezog sich auf die irreparablen Schäden an der Moral des russischen Volkes, aber auch die menschlichen und materiellen Verluste waren unermeßlich. Es sei daran erinnert, daß in den Jahrhunderten der Goldenen Horde und ihrer Nachfolger einschließlich des Krim-Khanats Millionen Russen und Ukrainer in die Sklaverei getrieben und wie Vieh auf orientalischen Basaren verkauft wurden. Kaum hatte sich das Land von den Säbeln und Pfeilen der Tataren erholt, da sah es wiederum ein Blutbad: Mit Hilfe der von ihm ins Leben gerufenen Opritschnina – die Tradition dieser Terrortruppe dauerte praktisch bis ins 19. Jahrhundert fort – ermordete Zar Iwan der Schreckliche seinen eigenen Sohn. Die russischen Monarchen, die Iwan folgten, verfügten über ein riesiges Untertanenheer und behandelten Menschen so, wie man Bauern im Schachspiel bereitwillig opfert. Dies galt nicht nur in Kriegs-, sondern auch in Friedenszeiten, in denen tiefste Armut, Epidemien, Hungersnöte und Zwangsarbeit jährlich Tausende und aber Tausende das Leben kosteten. Das Reich wuchs auf ihren Knochen.

Der traditionell niedrige Lebensstandard der Arbeiterklasse und der Kleinbauern wurde durch die politische Entrechtung noch verschlimmert und stand in engem Zusammenhang mit der Fortdauer der russischen Monarchie, dieses Hauptüberbleibsels des Feudalismus und der Leibeigenschaft im gesellschaftlichen und politischen Leben. Die Politik des autokratischen Staates verbitterte die Menschen und legte, wie Wlas Doroschewitsch, ein berühmter liberaler Schriftsteller zur Zeit der Jahrhundertwende, es formulierte, »Bomben in Hände, die viel lieber eine Feder führen würden«. Gewalt erzeugte Gegengewalt.

In der Hauptstadt des Reiches, das mit den anderen Mächten nicht nur durch diplomatische, sondern auch durch die verwandtschaftlichen Beziehungen der Romanows zu anderen königlichen Häusern – in Deutschland, Großbritannien, Dänemark und Griechenland – verbunden war, in dieser Stadt, in der die Geräusche der Militärkapellen, der feierlichen Reden und Zeremonien, der Feuerwerke zu Ehren ausländischer Würdenträger niemals endeten, in dieser Hauptstadt waren andere Töne von Jahr zu Jahr deutlicher zu hören: das Explodieren selbstgebastelter Bomben, Gewehrschüsse und das Knallen von Kosakenpeitschen.

Während der ersten Jahrzehnte des 20. Jahrhunderts, die die Demütigung im Russisch-Japanischen Krieg, den Blutsonntag am 22./9. Januar 1905, die massiven revolutionären Unruhen in den Jahren 1905–1907, die anschließenden Exekutionen, den ersten Weltkrieg, Hofintrigen und die bizarre Macht Rasputins sahen, diskreditierte sich die zaristische Autokratie in den Augen der Bürger und in den Augen der Welt, und ihre verheerende Rolle in der Geschichte des Landes wurde immer deutlicher. Für die russische Monarchie gab es keine Überlebenschance. Die Ereignisse vom Februar des Jahres 1917 waren unausweichlich.

Die Rennbahn in Krasnoje Selo. Unter den Zuschauern auf dem Balkon Nikolaus II. 1906
Das Sommerlager der Garde befand sich in Krasnoje Selo, und die Ankunft des Zaren »verwandelte das Lager für mehrere Tage in einen Festort«, erinnerte sich General Ignatjew. »In Krasnoje Selo gab es noch solche Pferderennen, wie Leo Tolstoi sie in *Anna Karenina* beschrieben hat. Vor der Haupttribüne zeichnete der Zar die besten Schützen, Reiter, sogar Köche mit Preisen aus. Nach dem Rennen sprangen alle in ihre Kutschen – Ein-, Zwei-oder Dreispänner – und eilten zum Theater von Krasnoje Selo, in dem die Primaballerina Kschessinskaja glänzte, bewundert von ihren drei aufeinanderfolgenden königlichen Liebhabern.«

Eine Gruppe Gendarmen am Baltischen Bahnhof. Um 1900

Gegenüber:
Zar Nikolaus II. mit der Zarin Alexandra Fjodorowna (Alice von Hessen-Darmstadt). 1895-1900
Als Nikolaus II. im Januar 1897 ein Volkszählungsformular ausfüllte, gab er seinen Rang mit »höchster Adliger Rußlands« an, als Beruf schrieb er »Herrscher über das russische Land« und als weitere Beschäftigung »Landbesitzer«. Alexandra Fjodorowna gab als Beruf und weitere Beschäftigungen »Herrscherin über das russische Land« und »Aufseherin von Armenhäusern« an.
Die Dynastie Romanow geht auf Michail Fjodorowitsch Romanow, Sohn des Metropoliten Filaret und Sproß einer alten Bojarenfamilie, zurück. Nach dem Tode des Zaren Boris Godunow, dem die »Zeit der Wirren« folgte, wurde Michail 1613 von einer Semstwoversammlung in Moskau zum russischen Zaren gewählt.
Hier die Reihenfolge der Romanowzaren: Michail: 1613-1645; Alexei: 1645-1676; Fjodor III.: 1676-1682; Iwan V. und Peter I.: 1682-1696 gemeinsam (1682-1689 unter der Regentschaft von Zarewna Sofija); Peter I. allein: 1696-1725; Katharina I.: 1725-1727; Peter II.: 1727-1730; Anna Iwanowna: 1730-1740; Iwan VI. (unter der Regentschaft von Anna Leopoldowna): 1740-1741; Elisabeth: 1741 bis 1761; Peter III.: 1761-1762; Katharina II.: 1762-1796; Paul I.: 1796 bis 1801; Alexander I.: 1801-1825; Nikolaus I.: 1825-1855; Alexander II.: 1855-1881; Alexander III.: 1881-1894; Nikolaus II.: 1894-1917.

Rechts:
Zar Nikolaus II. mit seinem Sohn Alexei. 1913
Die Freude über die Geburt des langersehnten Erben (das fünfte Kind von Nikolaus und Alexandra) wurde getrübt, als sich herausstellte, daß der Zarewitsch an Hämophilie litt. Die unheilbare Krankheit und die ständige Angst um das Leben des Kindes waren nicht nur ein großes Unglück für die Familie, sondern auch der wichtigste Grund für den Aufstieg des Grigori Rasputin, von dessen Anwesenheit sich die Kaiserin eine Besserung des Gesundheitszustandes ihres Sohnes erhoffte.

Die Zarenfamilie. V. l. n. r.: die Großfürstinnen Tatjana, Maria, Anastasia und Olga. In der Mitte Zarin Alexandra Fjodorowna und Zar Nikolaus II., vorn der Zarewitsch Alexei. 1913
Ein Zarensohn erhielt eine jährliche Apanage von 150 000 Rubeln. Am Tag seiner Volljährigkeit bekam er eine Million Rubel als Geburtstagsgeschenk, nach der Hochzeit 235 000 Rubel pro Jahr. Seine Frau bezog jährlich 40 000 Rubel, seine Kinder 50 000–150 000 Rubel (bis zur Volljährigkeit). Zum Vergleich: Ein Fabrikarbeiter kam (1910) auf durchschnittlich 246 Rubel Jahreslohn; Bauern hatten noch weniger.

Die kaiserliche Familie bei der Einweihung eines nach Zarewitsch Alexei benannten Schiffsdocks in Kronstadt. 14./1. Juli 1914

Unten:

Nikolaus II. und Mitglieder der Zarenfamilie am Peterskai auf dem Weg zu einem Boot. August 1912

Bei Fahrten aufs Land und Spaziergängen in den Parks von Peterhof und Zarskoje Selo wurden der Zar und seine Familie von der offiziellen Eskorte und von zur Palastkommandantur gehörenden Palastpolizisten in Zivil begleitet.

Oben:
Mitglieder der kaiserlichen Familie beim Tennisspiel. Links Nikolaus II. 1912

Nikolaus II. mit Kindern am Strand des Finnischen Meerbusens. Anfang des 20. Jh.s

Folgende Seiten:
Militärparade am 1. Mai auf dem Marsfeld. 1903
Schon im ersten Jahr seiner Herrschaft ließ Nikolaus II. die von Alexander II. abgeschaffte Tradition der Maiparaden, die das Ende der militärischen Wintersaison markierten, wiederaufleben. Längs des gesamten Marsfeldes wurden öffentliche Tribünen errichtet; einen Platz konnten sich aber nur wohlhabende Leute leisten. General Alexei Ignatjew hinterließ uns einen Augenzeugenbericht: »Nach der Inspektion der Truppen hielt der Zar vor der kaiserlichen Tribüne, begleitet nur von einem seitlich hinter ihm stehenden Hornisten seiner Eskorte. Er trug einen scharlachroten Kosakenmantel und saß auf einem grauen Pferd.
Zwei rote Reihen von Kosaken der Eskorte eröffneten den Vorbeimarsch der Truppen. Hinter der Eskorte marschierte das Bataillon der Pawlowschen Militärschule, dann folgte ein gemischtes Bataillon, an der Spitze die Kompanie des Pagenkorps mit Helmen, die an längst vergangene Zeiten erinnerten.
In der anschließenden Pause schritt die Kapelle des Preobraschenskischen Regiments in die Mitte des Marsfeldes, und dann marschierte die Garde kompanieweise vorbei, in sogenannten alexandrinischen Kolonnen, die auf Napoleonische Zeiten zurückgingen. Die Artillerieeinheiten, die der Infanterie folgten, beeindruckten durch die mustergültigen Gespanne kräftiger, wohlgenährter Pferde, die nach Farben in echt russischem Geschmack ausgewählt waren: die ersten Batterien mit Füchsen, dann Braune und schließlich Rappen.
Nach einer einminütigen Unterbrechung tauchte am Rand des Feldes vom Ingenieursschloß [Michaelsschloß] her eine wogende Menge in der Sonne schimmernder berittener Truppen auf. Dies war unsere Erste Gardekürassierdivision, die in langsamem Schritt herannahte.«

Mitglieder des Reichsrates und der ersten Duma auf dem Schloßplatz vor dem Winterpalast auf dem Weg zu einer Audienz beim Zaren. 10. Mai/ 27. April 1906
Der Winterpalast zählte über 1050 Räume mit einer Gesamtfläche von 46 000 Quadratmetern. Er hatte 1945 Fenster, 1786 Türen, 117 Treppenhäuser und 329 Kamine. 150 Jahre lang diente er als Winterresidenz fast aller Zaren; Nikolaus II. verbrachte hier während der ersten zehn Jahre seiner Herrschaft die Zeit von September/ Oktober bis Mai. Nach 1904, als Nikolaus das Alexanderpalais in Zarskoje Selo zu seiner Hauptresidenz wählte, erwachte der Winterpalast nur bei gelegentlichen Besuchen des Zaren oder anläßlich von Galaempfängen zum Leben.

Unten:
Hauptgebäude des Ministeriums des Kaiserlichen Hofs und der Krongüter. Liteiny-Prospekt Nr. 39. Um 1900
Das Hofministerium verwaltete den riesigen kaiserlichen Haushalt. Zu Beginn des 20. Jahrhunderts kostete das Ministerium mit seinen 1300 Mitarbeitern die Staatskasse 12,7–17 Millionen Rubel jährlich.

Gegenüber:
Lakaien im Garten des Winterpalastes. Um 1900
Im Jahre 1914 beschäftigte der kaiserliche Hofstaat fünf Oberkammerherren, sechs Jägermeister, 103 Kammerherren, 45 Stallmeister, 20 Jäger, bis zu 400 Kammerdiener, 40 Kammerjunker – alle von hohem Rang – und weitere Angestellte. Ihre Frauen und Töchter dienten häufig ebenfalls bei Hofe: Es gab eine Reihe Hofdamen, mehrere Ehrenjungfrauen und über 250 Zofen. Dazu kamen natürlich zahllose Hausdiener usw.

Grigori Rasputin mit Generalmajor Fürst Putjatin und Oberst Loman, Kommandant der Palastgarde von Zarskoje Selo. 1912

Rasputin war der Sohn eines kleinen Bauern aus dem Gouvernement Tobolsk in Sibirien und erwarb sich den Ruf eines Wundertäters und Gottesmannes. Im November 1905 wurde er Nikolaus II. vorgestellt; die folgenden zehn Jahre stand er in enger Verbindung zur kaiserlichen Familie. Vital, fähig, Menschen – insbesondere Frauen – zu manipulieren, und zweifellos mit Suggestionskraft begabt, erlangte Rasputin außerordentlichen Einfluß auf die Zarin Alexandra. Das in Zarskoje Selo gelegene Landhaus von Anna Alexandrowna Wyrubowa, einer Ehrendame der Zarin, wurde zum Versammlungsort mystisch angehauchter Bewunderer Rasputins. Gerüchte über seinen ausschweifenden Lebenswandel, die sich in ganz Petersburg verbreiteten, verursachten in verschiedenen Kreisen große Unzufriedenheit. Ministerpräsident Stolypin führte einen aussichtslosen Kampf gegen Rasputin; seine Berichte über die Verfehlungen Rasputins warf die Zarin ins Feuer. Stolypins Nachfolger Kokowzow scheute keine Mühen, den Starez zu diskreditieren. Im Jahre 1912, nach einer Debatte in der Duma, hatte er schließlich Erfolg: Rasputin wurde in sein sibirisches Heimatdorf verbannt. Aber auf Befehl der kaiserlichen Familie kehrte er schon bald nach Petersburg zurück. Im Dezember 1916 wurde der Wundermann von einer Gruppe monarchistischer Verschwörer unter der Leitung Wladimir Purischkewitschs im Palais des Fürsten Felix Jussupow ermordet. Weder die Zyankalivergiftung noch die Schußverletzungen führten zum Tode – Rasputin ertrank, als die Verschwörer ihn durch ein Eisloch in die Newa warfen. Die Beteiligung an dieser Episode trug Fürst Jussupow einige Berühmtheit ein.

Anna Alexandrowna Wyrubowa, Ehrendame der Zarin Alexandra Fjodorowna. Um 1900

Chamsaran Badmajew (nach seiner Konversion zum orthodoxen Glauben Pjotr Alexandrowitsch), Mitglied des Kreises um Rasputin. 1912–1913

Vorangehende Seiten:
Nikolaus II. während seiner Ansprache anläßlich der Eröffnungssitzung der Duma im Winterpalast. 10. Mai/27. April 1906
Gemäß den Reichsgrundgesetzen war die Reichsduma eine repräsentative Legislative mit allerdings sehr beschränkter Macht. Die zweite und bedeutendere Kammer, der Reichsrat, konnte die Vorschläge der Duma ablehnen oder abändern. Der Zar selbst war die höchste Autorität. Beschlüsse beider Kammern bedurften seiner Unterschrift, und er hatte das Recht, Reichsduma und Reichsrat aufzulösen.

Sitzung des Reichsrats im Gebäude der Adelsversammlung. 1906
Die Mitglieder des 1810 konstituierten Reichsrats wurden vom Zaren aus den Reihen des Hofs, der Armee und der Beamtenelite berufen. (Nach 1906 wurde die Hälfte der Mitglieder vom Zaren ernannt, die andere Hälfte gewählt.) Pawel Miljukow, der politische Führer der Kadetten, schrieb: »Ein Blick auf diese Versammlung schläfriger, murmelnder Gespenster genügte, um sich in einer modrigen, moosbewachsenen Gruft zu wähnen, die durch Zufall inmitten neuer und andersartiger Lebensformen überdauert hatte.«

Орловъ-Давыдовъ
Полякова.

ЧАСТЬ
А И.
5115.

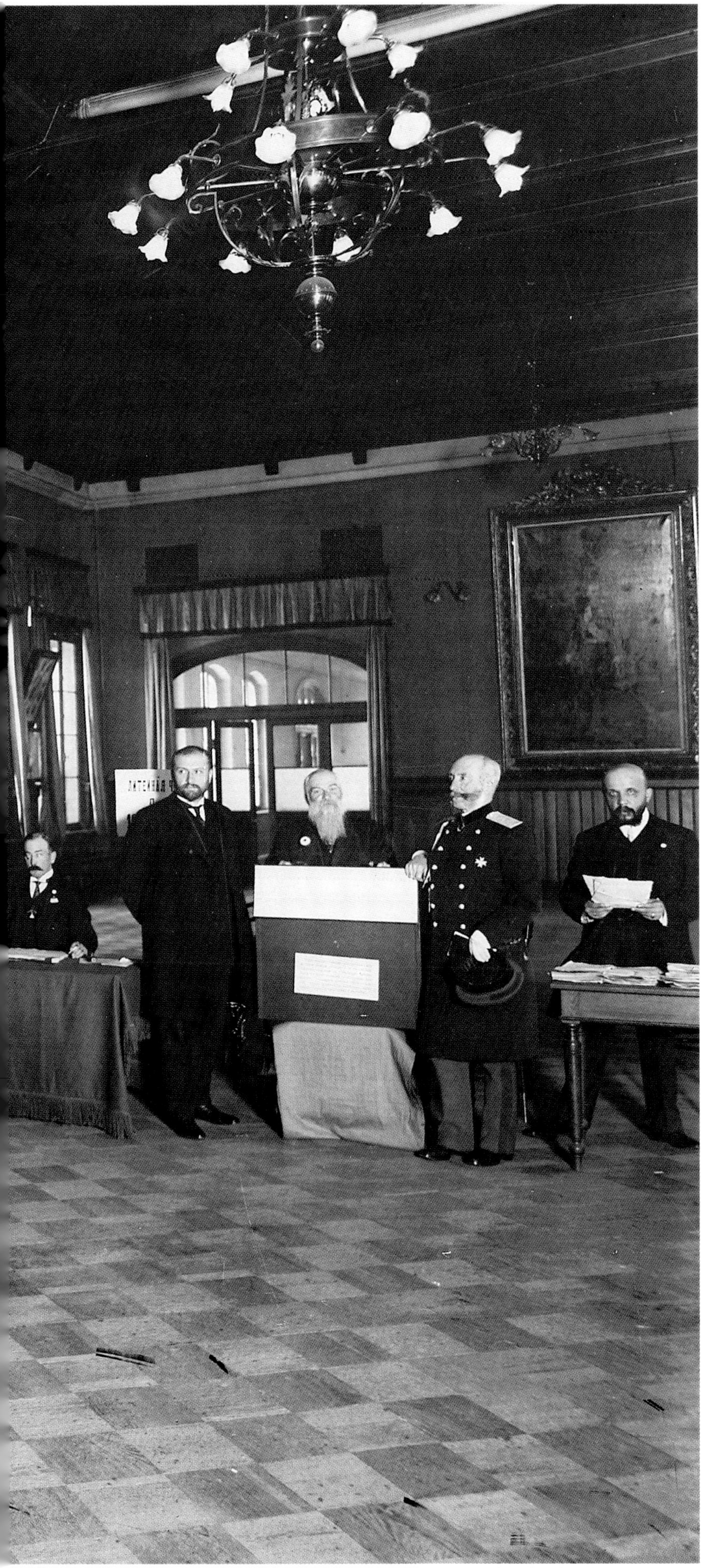

Links:
Stadtratswahlen. Wahllokal am Liteiny-Prospekt. 16. November 1909

Oben:
Im Petersburger Gouvernement gewählte Mitglieder der vierten Duma: A. E. Badajew, N. G. Jewsejew, L. A. Sinowjew, A. S. Postnikow. 1912–1914

Das Senatsgebäude. Der Regierende Senat war praktisch der oberste Gerichtshof. 1911

Gebäude der Reichsbank. Katharinenkanal. Um 1900

Gebäude des Finanzministeriums. Moikaufer Nr. 43–47. Anfang des 20. Jh.s

Gebäude der Reichsrechnungsbehörde. Moikaufer Nr. 76. 1911

Gebäude des Bildungsministeriums. Tschernyschowplatz Nr. 2–5. Um 1900

Bezirksgerichtsgebäude. Liteiny-Prospekt Nr. 4. 1910–1911

Gegenüber:
Sergei Juljewitsch Witte, Finanzminister und von Oktober 1905 bis April 1906 Ministerpräsident. 1905
»Betrachtet man Wittes Tätigkeit«, schrieb Anatoli Koni, »dann läßt sich als roter Faden seine Vorstellung von der besten Regierungsform ausmachen: eine uneingeschränkte Autokratie, gestützt auf fähige, energische, mit Kenntnissen und langjähriger Erfahrung ausgerüstete Minister, die sich geeignete Mitarbeiter zu wählen verstehen.«

Innenminister und Ministerpräsident Pjotr Arkadjewitsch Stolypin. 1906
Stolypins Karriere erreichte ihren Höhepunkt während einer für Rußland schwierigen Zeit. Der ergebene Monarchist, in den Jahren 1906–1911 Ministerpräsident und Innenminister, setzte seine Macht entschlossen ein. In Erinnerung geblieben sind vor allem seine Agrarreform, die Pogrome der Schwarzen Hundertschaften und die äußerst repressive Periode nach der Zerschlagung der Revolution von 1905. Aber sein starker Wille, seine Entschlossenheit und seine Abneigung gegenüber Rasputin brachten Nikolaus und Alexandra und die Hofkreise gegen Stolypin auf. Am 14./1. September 1911 wurde er in Kiew von D. G. Bagrow, der in nie ganz geklärter Verbindung zur Polizei stand, tödlich verwundet. In einer kurzen und verworrenen Vernehmung bezeichnete Bagrow sich als Anarchisten, aber nach der Revolution im Februar 1917 stellte sich heraus, daß er vor dem Attentat in Polizeiakten als Mitglied der Sozialrevolutionäre und als Doppelagent geführt wurde.

Mitglieder des Außenministeriums: Fürst Grigori Nikolajewitsch Trubezkoi und Baron Mawri Fabianowitsch Schilling. 1897–1900
Zum Personal des Außenministeriums gehörten vor der Revolution von 1917 39 Barone, 32 Fürsten, ein Dutzend Grafen und ein Großherzog.

Außenminister Sergei Dmitrijewitsch Sasonow. 1912
»Ein Russe unter Russen, wenn es darum ging, die Interessen seines Landes zu verteidigen«, schrieb George Buchanan, der ehemalige britische Botschafter in Rußland, »war er dennoch ein treuer Freund Großbritanniens, und zwar bis zu seinem letzten Amtstag als Außenminister im Juli 1916, als man dem Zaren – zu seinem eigenen und ganz Rußlands Schaden – riet, ihn durch Stürmer zu ersetzen.«

Innenminister Alexander Grigorjewitsch Bulygin. 1905

Gegenüber, oben:
Marineminister Admiral Iwan Konstantinowitsch Grigorowitsch (Mitte) mit hohen Beamten des Marineministeriums. 1914

Gegenüber, unten:
Kriegsminister Wladimir Alexandrowitsch Suchomlinow mit seiner Frau, Offizieren und Ausbildern. 1910
Fünf Jahre nach dieser Aufnahme, im Juni 1915, wurde der Kriegsminister Suchomlinow durch Alexei Poliwanow ersetzt, im folgenden Jahr wegen mangelnder Sorgfalt bei der Kriegsvorbereitung vor Gericht gestellt. 1917 zu lebenslänglicher Haft verurteilt, wurde er 1918 aufgrund seines hohen Alters begnadigt. Suchomlinow emigrierte wenig später.

Offiziere vor den Mauern der Peter-Pauls-Festung. 1911
»Die Geschichte dieses Steinkolosses, der gegenüber dem Winterpalast aus der Newa emporragt, erzählt nur von Mord, Qualen, lebendig Begrabenen, zu einem langsamen Tod Verurteilten oder in den düsteren, feuchten Kasematten in den Wahnsinn Getriebenen«, schrieb ein Insasse der russischen Bastille, Fürst Pjotr Kropotkin, einer der führenden Köpfe des Anarchismus. In zwei Jahrhunderten sahen Tausende von Menschen, die von der Autokratie als gefährlich eingestuft wurden, die Verliese der Peter-Pauls-Festung von innen – beispielsweise der Zarewitsch Alexei (der Sohn Peters I.), die Staatsmänner Biron (von Bühren), Ostermann, Münnich, der revolutionäre Schriftsteller A. N. Radischtschew, die Dekabristen K. F. Rylejew, P. I. Pestel, M. P. Bestuschew-Rjumin, S. P. Trubezkoi, die Mitglieder des Petraschewskikreises (darunter Fjodor Dostojewski), N. G. Tschernyschewski, D. I. Pissarew, die Narodniki M. A. Bakunin, P. N. Tkatschow, A. I. Scheljabow, W. N. Figner, S. A. Perowskaja, Alexander Uljanow (Lenins Bruder) und Revolutionäre der dritten Generation – N. E. Bauman, W. P. Nogin, I. I. Radtschenko, P. N. Lepeschinski und andere. In Haft saßen hier auch M. Gorki, N. I. Karejew und N. F. Annenski. Nach der Februarrevolution von 1917 wurde die Festung zum Gefängnis für ehemalige zaristische Minister, ab Oktober 1917 für die Minister der Provisorischen Regierung.

Oben:
Ausweiskontrolle bei Bauern auf dem Heumarkt, wo sie ihre Waren feilbieten. Um 1900

Mitte:
Hauptquartier des Gendarmeriekorps. Furstatskaja Nr. 40. 1914
Von den Gebäuden des Gendarmeriekorps und der Polizeihauptverwaltung in der Furstatskaja und am Fontankaufer spannen sich unsichtbare Fäden über Rußland und verstrickten das Land in ein Netz von Spitzelei und Überwachung. Polizei und Gendarmeriekorps streckten ihre Fühler sogar über die Grenzen Rußlands hinaus; russische Politagenten waren in verschiedenen Ländern Europas und Asiens, ja selbst in Amerika tätig. In den Jahren 1905–1917 überwachte der Geheimdienst allein in Westeuropa 4000–5000 politische Flüchtlinge.

Oben:
Ankunft des österreichischen Kaisers Franz Joseph I. am Nikolausbahnhof in Petersburg. April 1897

Mitte:
Der italienische König Victor Emanuel III. bei einem Besuch in Petersburg. Juli 1902

Unten:
Der spanische Infant Don Fernando in Petersburg. August 1908

Oben:
Der dänische König Frederik VIII. besucht Peterhof. 1909

Unten:
Eine die Freundschaft zwischen Frankreich und Rußland symbolisierende Skulptur. Michailstraße. 1902
Während der Besuche ausländischer Würdenträger zeigte sich die Hauptstadt von ihrer festlichsten Seite. Mit Flaggen, Büsten, Girlanden, Skulpturen, Masten und Teppichen geschmückt, nachts mit Gaslaternen erleuchtet, bot sie einen fröhlichen Anblick.

Folgende Seiten:
Ankunft Kaiser Wilhelms II. und seines Gefolges anläßlich eines Manövers in Krasnoje Selo. In der Kutsche die Gemahlin des deutschen Kaisers, Auguste Victoria, und die russische Kaiserin Alexandra Fjodorowna. 1906

Oben:
Das erste Geschwader der britischen Marine zu Besuch in Petersburg. Juni 1914

Unten:
Großadmiral Beatty (2. v. r.), Kommandant des britischen Schlachtkreuzergeschwaders, mit Stabsoffizieren in Kronstadt. 23./10. Juni 1914

Gegenüber, unten:
Der britische Botschafter George Buchanan (2. v. l.) und Botschaftsangehörige. 1914

Oben:
Ein amerikanisches Geschwader in Petersburg: das Schlachtschiff *Kansas*. Kronstadt. 1911

Unten:
Die Botschaft der USA. Furstatskaja Nr. 34. 1913

Gegenüber:
Ein amerikanischer und ein russischer Matrose reichen sich die Hand. 1911

Ein Tag wie jeder andere

Universitätskai. Um 1900

Folgende Seiten:
Armenküche im Hafen der Wassiliinsel. 1911

In der Passage. Newski-Prospekt Nr. 48. 1900

И.В.ВИНОКУРОВЪ
С.К.КАЛИНИНЪ
52
50

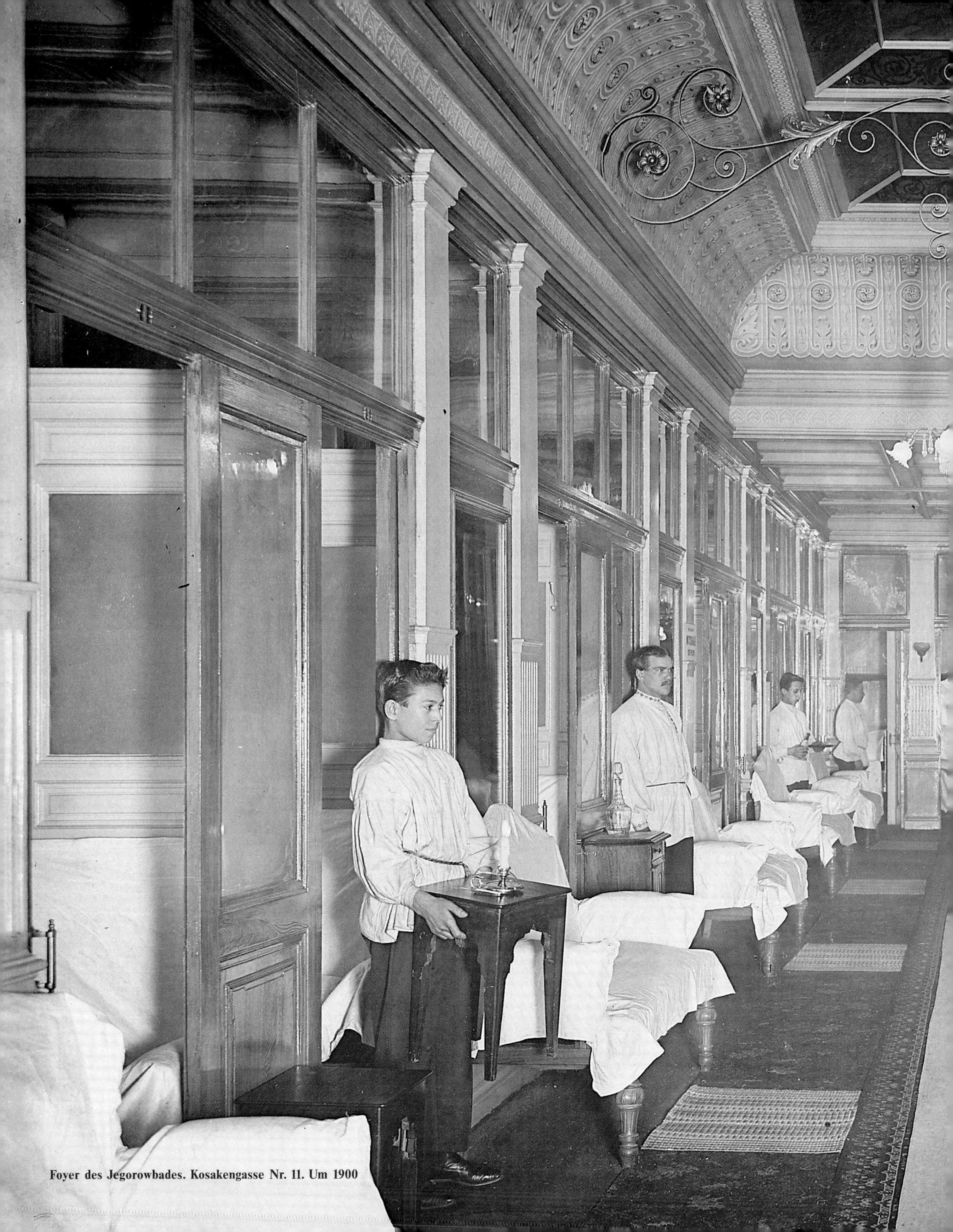

Foyer des Jegorowbades. Kosakengasse Nr. 11. Um 1900

EIN TAG WIE JEDER ANDERE

Mstislaw Dobuschinski, ein hervorragender Maler und Graphiker, beschrieb in seinen Memoiren die vielen verschiedenen Geräusche, die Petersburgs Straßen im späten 19. Jahrhundert erfüllten: »An Feiertagen läuteten die Kirchenglocken, dann wieder zogen Militärkapellen mit Trompeten und Trommeln vorbei, auf den Höfen priesen Händler ihre Waren an – und all diese Geräusche waren melodisch. Das einzige gräßliche Geräusch verursachten die Schienenbusse, die von Arbeitspferden über das Kopfsteinpflaster gezogen wurden.« Diese mächtige Symphonie drückte den Charakter der Stadt, das vielfältige, bunte Leben der Metropole aus.

Morgens wurden die Petersburger durch das Heulen der Fabriksirenen geweckt. Dreimal ertönte es und trieb die Arbeiter zu den Werksanlagen. Zu Tausenden strömten sie in die Fabriken, die einen dichten Ring um die Stadt bildeten. In den vier Jahrzehnten nach der Aufhebung der Leibeigenschaft hatte sich die Zahl der Fabriken von 374 auf 878 mehr als verdoppelt. Zu den alten Fabrikgiganten – wie den Putilowwerken, den Ischorskischen Werken, der Newa-Schiffswerft – kamen die Obuchowschen Stahlwerke, die Maschinenfabrik Phoenix, das Malo-Ochtinsk-Werk, die Gummifabrik Treugolnik, die Schuhfabrik Skorochod, Tabakmanufakturen, riesige Druckereien und Chemieunternehmen. Am Vorabend der Revolution von 1905 betrug die Zahl der Arbeiter in der Hauptstadt 250 000 bis 260 000 – ein Zehntel des russischen Industrieproletariats. Die Stadt der Adligen, der Militärs und der Beamten wandelte sich zu einer Stadt der Arbeiter.

Die fleißigen Petersburger Hausbesorger sah man morgens als erste auf den Straßen; in aller Frühe schon kümmerten sie sich um Wasser und Brennholz, schaufelten zugeschneite Bürgersteige frei und streuten Sand, entfernten Pferdeäpfel und Schmutz und spritzten im Sommer die Gehwege mit Wasser. Mit diesen Aufgaben waren sie den ganzen Tag beschäftigt. Des Nachts, wenn schon alle Riegel vorgelegt waren, mußten die Hausbesorger Bewohnern, deren gesellschaftliche Verpflichtungen etwas zu lange gedauert hatten, nach Hause helfen.

In der Morgendämmerung erwachte Petersburgs Hauptransportweg zum Leben. Auf der Newa wurde noch zu Beginn des 20. Jahrhunderts das Gros der für die Hauptstadt bestimmten Frachten befördert. Dabei machten Brenn- und Bauholz den Löwenanteil aus. Der moderne, zentralheizungsgewohnte Städter kann sich die gewaltigen Brennholzmengen, die die Öfen, Kamine und Kesselhäuser Petersburgs täglich verschlangen, kaum vorstellen. Die Newa und ihre zahlreichen Seitenarme und Kanäle waren von Lastkähnen voller akkurater Holzstapel geradezu verstopft. Am Ziel angekommen, wurden die Kähne selbst oft abgewrackt und zu Brennholz zersägt.

Mit der Öffnung des Seekanals und dem Bau des Petersburger Hafens (1885) erhöhte sich der Frachtumschlag beträchtlich. In den Jahren 1900–1913 fertigte der Hafen pro Saison über 2000 Ozeanfrachter sowie 3500 Fracht- und Passagierschiffe und Küstendampfer ab. In einem ununterbrochenen Strom kamen Baumaterialien in die Stadt: Marmor, Granit, Pflastersteine, Kies und insbesondere Kalkstein für die Gehwege. Die älteren Petersburger erinnern sich noch an die feine Oberfläche der Platten, die hier und dort Fossilienabdrücke zeigten. Auch für Fundamente, Sockel und Verblendungen nahm man Kalkstein. In Petersburg schossen die Häuser wie Pilze aus dem Boden. 1910 zählte man 37 523 Wohnhäuser, davon 15 121 aus Stein, die anderen aus Holz. Zwischen 1910 und 1914 erlebte die Hauptstadt einen wahren Bauboom; jedes Frühjahr kamen 100 000 Saisonarbeiter.

Beladen eines Schiffs im Petersburger Handelshafen. 1914
Vor dem Bau des Seekanals wurden Schiffe aus aller Welt im Kronstädter Hafen entladen, von wo aus die Güter auf flachen Schiffen nach Petersburg gebracht wurden. Diese 27-Kilometer-Fahrt dauerte häufig sehr lange, was den Außenhandel stark behinderte. Nach dem Bau des Kanals im späten 19. Jahrhundert entwickelte sich der Petersburger Hafen sehr schnell; 1912 betrug die Gesamtlänge aller Hafenkais bereits 62 Kilometer. Der jährliche Warenumschlag lag bei 4 – 5,6 Millionen Tonnen.

Eisgewinnung auf der Newa in der Nähe der Nikolausbrücke. Um 1900
»Hier und dort (beinahe überall) sah man auf der weiten Fläche in dem fast einen Meter dicken Eis dunkle, mit Seilen umgrenzte quadratische und rechteckige Löcher schimmern. Den ganzen Tag schnitten Männer riesige, anderthalb Meter lange und siebzig Zentimeter dicke, zart grünlich-aquamarinfarbene, wie von innen leuchtende Prismen aus dem Eis des Flusses. Prisma um Prisma hievten sie aus dem Wasser; in ununterbrochenem Strom kamen immer neue Fuhrleute aus der Stadt zum Abtransport.« (Aus den *Aufzeichnungen eines alten Petersburgers* von Leo Uspenski.)

Aber das Bemerkenswerteste waren die Händler. Auf den Hauptstraßen – Newski-und Wosnessenski-Prospekt, Morskaja, Sadowaja (Gartenstraße) und Gorochowaja – dachte man unwillkürlich an die Worte Makar Dewuschkins aus Dostojewskis *Armen Leuten*: »Was für Läden, was für Schaufenster! – alles glänzt nur so und leuchtet …, Stoffe und Seidenzeuge und Blumen unter Glasstürzen … und was für Hüte mit Bändern und Schleifen! Man denkt, das sei alles nur so zur Verschönerung der Straße ausgestellt, aber nein: Es gibt doch Menschen, die diese Sachen kaufen und ihren Frauen schenken!« Bunte Schaufenster, Ankündigungen und Reklametafeln, die die Gebäudefassaden oft von oben bis unten verdeckten, lockten die Passanten an. Neben dem Gewimmel kleiner Läden und Verkaufsstände aller Art gab es große Kaufhöfe: Gostiny Dwor, in Europa ohnegleichen, wie das *Russische Journal* 1792 schrieb; Apraxin Dwor mit einem der größten Märkte Europas; die Passage, in der Verkaufsstände ebenso wie Ausstellungs- und Theaterräume, Nähstuben und andere Werkstätten untergebracht waren. An den betriebsamsten Plätzen tummelten sich die Straßenhändler mit ihren Bauchläden, Kästen und Karren; von Konditoreiwaren bis zu Luftballons boten sie alles an. Zumeist im Schatten der Kirchen spielte sich lärmender Basar- und Flohmarkttrubel ab. Er zog nicht nur die Petersburger Köche und Haushälterinnen an, sondern auch Leute aus der Umgegend und die Bauern aus den Dörfern in der Nähe, die einen Großteil der landwirtschaftlichen Produkte lieferten.

Damit ein kontinuierlicher Warenfluß gewährleistet war und zur Versorgung von Krankenhäusern, Apotheken, zahllosen Imbißstuben, Wirtshäusern und Restaurants wurden riesige Mengen Eis aus der Newa benötigt. Im Winter legte man im Seehafen, auf Güterbahnhöfen, in Geschäften und Läden, Cafés, Hotels und Privathäusern gewaltige Eisvorräte an; so ließen sich auch leichtverderbliche Waren bei größter Hitze aufbewahren, man konnte Erfrischungsgetränke oder eisgekühlten Champagner servieren und natürlich das sehr begehrte, köstliche Gefrorene herstellen.

Reges Treiben herrschte nicht nur auf den Plätzen und Straßen voller Kauflustiger. Auch die vielen Banken öffneten pünktlich ihre Pforten. 28 der fünfzig Gebäude auf dem Abschnitt des Newski-Prospekts zwischen Admiralität und Anitschkowbrücke beherbergten Banken. Von diesem Finanzzentrum aus wurden Rußlands größte Geldinstitute verwaltet. Wie in vielen anderen privaten Büros und Agenturen, wie in Behörden, Ämtern und Ministerien erstarb hier in den Abendstunden beinahe jedes Leben. Akten wurden weggeräumt, Safes und Schubladen verschlossen, das Licht gelöscht, Beamte und Angestellte eilten nach Hause, während andernorts die Arbeit gerade erst begann. In den Zeitungsredaktionen wurden die letzten Artikel geschrieben, Setzer und Korrektoren machten sich ans Werk, um die Bürger mit den neuesten Nachrichten zu versorgen, die die Reporter während des Tages gesammelt hatten.

Die Stadt ging zur Ruhe, während die Druckmaschinen ratterten, die von Pferden gezogenen oder elektrisch betriebenen Straßenbahnen klingelten und Hufe auf dem Kopfsteinpflaster klapperten, wenn die Droschken Besucher vom Theater und von Gesellschaften nach Hause brachten.

In jeder Jahreszeit hatte die Stadt ein anderes Gesicht. Vor Weihnachten waren – sehr zur Freude der Kinder – an jeder Ecke Verkaufsstände mit Tannenbäumen zu finden. Gegen Ende des Winters fuhren Troikas ausgelassene Passagiere zum Winteraustreiben umher. Die Schneedecke schmolz langsam, ihre matschigen Überbleibsel wurden eilig beseitigt, Schlitten und Filzstiefel bis zum nächsten Winter weggepackt. Von Vogelgezwitscher und Karrengerumpel erfüllt, bereitete die Stadt sich auf den wichtigsten Feiertag des Frühlings vor, auf das Osterfest mit seinem feierlichen Glockenläuten, den Prozessionen, den bemalten Eiern und dem Gruß »Christus ist auferstanden« – »Er ist wahrhaft auferstanden!«

Ein paar Wochen später nahte dann, nachdem im Mai das Eis auf dem Ladogasee geschmolzen und in großen Schollen die Newa heruntergetrieben war, der langersehnte Sommer. Zu Pfingsten standen nicht nur die stillen Gärten und Parks der Stadt, sondern auch die umliegenden Wälder in vollem Grün. Im Hochsommer verblaßte es langsam, wie alle Farben des Frühlings. Die Hausbesorger mußten die Bürgersteige immer öfter mit Wasser abspritzen, und Windböen trieben getrockneten, zertrampelten Pferdemist durch die Straßen.

Im Sommer, der Ferienzeit, war Petersburg wie ausgestorben. Die Reichen fuhren auf ihre Landgüter oder ins Bad, andere auf die Datscha. In den Sommerfrischen schwirrte die Luft von Kinderstimmen, Lachen und der Schelte der Kindermädchen und Gouvernanten, und die elegant gekleideten Städter verbreiteten eine kultivierte Atmosphäre. Während dieser Zeit war die Stadt »fest in den Händen der Köche, Hausmeister und Hausmädchen«, schrieb Dobuschinski. »Sie saßen auf den Bänken bei den Toren und knackten Sonnenblumensamen. Die fidelen Anstreicher, die Petersburg im Sommer überschwemmten, schmetterten Lieder zu den Klängen eines Akkordeons. Das war ›Piter‹, die Stadt der Arbeiter.«

Der Flieger Pjotr Nikolajewitsch Nesterow und Mitarbeiter der Zeitung *Wetscherneje Wremja*. 1913
Der Luftwaffenpilot und Kunstflugpionier Kapitän Nesterow wagte als erster (am Sonntag, den 10. September/27. August 1913) den nach ihm benannten Looping. Er starb am 9. September/26. August 1914 in einem Luftgefecht, als er ein österreichisches Flugzeug mit dem Rumpf seiner Maschine berührte und zum Absturz brachte.

Schweißer der Ludwig-Nobel-Maschinenbaufabrik. Samsonkai Nr. 13–15. 1910

Oben:
Eine Werkstatt der Telephon- und Telegraphenfabrik unter dem Seeamt. 1912

Mitte:
Plakatherstellung in der Druckerei Marx. Ismailowscher Prospekt Nr. 29. 1897

Unten:
Arbeiter der George-Bormanschen Schokoladen- und Zuckerwerkfabrik bei der Sirupbereitung. Englischer Prospekt Nr. 16. Um 1900

Gegenüber:
In einer Munitionsfabrik. Um 1900

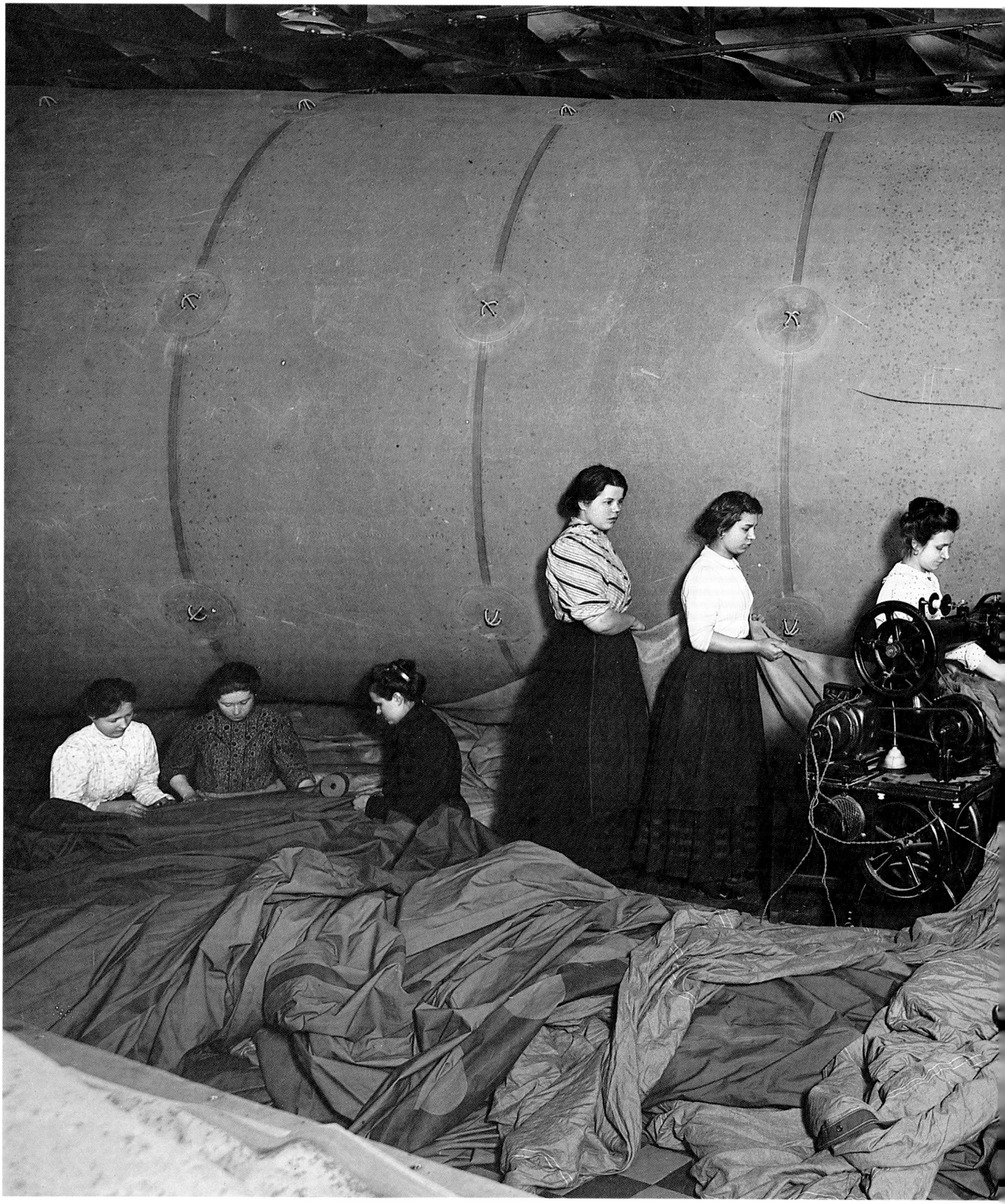

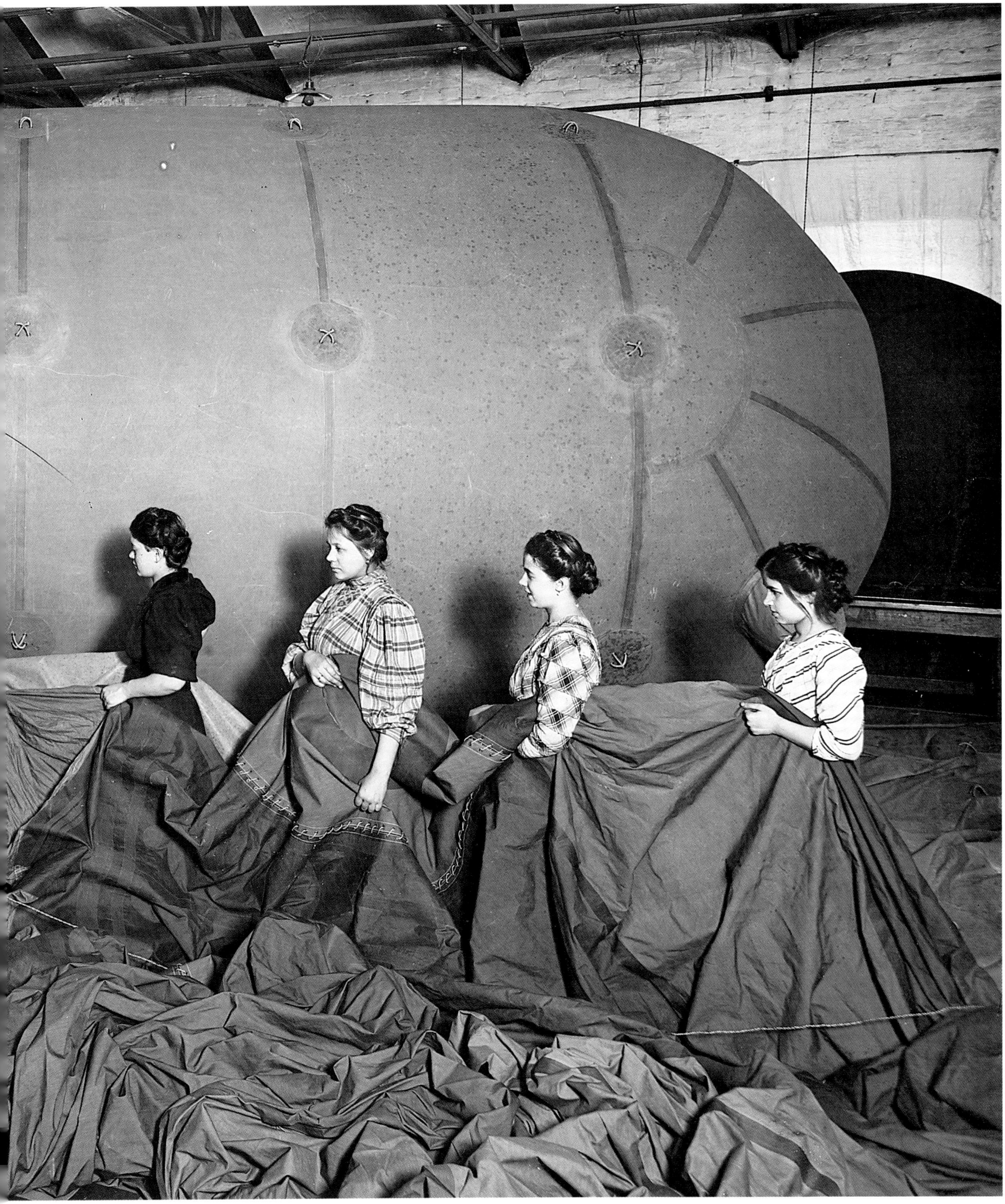

Vorangehende Seiten:
Arbeiterinnen der Russisch-Amerikanischen Gummifabrik bei der Herstellung einer Ballonhülle. 1911

Lumpensortierstelle, Teil der Expedition der Staatspapiermanufaktur. Fontankaufer Nr. 144. Um 1900
Die im Jahre 1818 gegründete Expedition war das einzige Unternehmen in der Hauptstadt, das Papier nicht nur herstellte, sondern auch verdruckte, hauptsächlich für die Regierung. Die Expedition setzte zu Beginn des 20. Jahrhunderts mit modernsten russischen und ausländischen Maschinen Maßstäbe im Druckereiwesen. Das Fachpersonal durchlief die unternehmenseigene neunjährige Schule; die meisten Schüler waren Kinder von Firmenangehörigen. Nach sechs Jahren allgemeiner Ausbildung spezialisierten die Lehrlinge sich auf Papierherstellung, Photographie oder Druckerei.

Verlegen von Holzpflaster am Schloßkai. Anfang des 20. Jh.s
Seit der Zeit Peters I. gehörte die Straßenbefestigung zu den Pflichten der Anlieger. Mit der Arbeit durfte weder vor dem 15. Mai begonnen werden, noch war es gestattet, bei Reparaturen die Straße in ihrer ganzen Breite zu blockieren. Unter den verschiedenen Arten der Straßenbefestigung – Kopfsteinpflaster, Makadamdecke usw. – verdient die Holzpflasterung besondere Aufmerksamkeit. Zum erstenmal überhaupt wurde sie 1832 am Newski verwendet. Im Jahre 1910 waren sechzehn Straßen so gepflastert: außer dem Newski Bolschaja und Malaja Morskaja, Englischer Kai, Schloßkai, Französischer Kai, Millionenstraße, Steininselprospekt und andere. Teile des Liteiny-, des Sagorodny- und des Wladimirschen Prospekts sowie der Kais an Moika, Fontanka und Katharinenkanal besaßen ebenfalls Holzpflaster. Sein Vorteil lag darin, daß es Hufklappern und das Geräusch der Räder dämpfte. Bei Überschwemmungen konnte es allerdings Schaden anrichten, wenn das Wasser es aus den Fugen geraten ließ.

Instandsetzung der Anitschkowbrücke über die Fontanka. 1906–1908

до ВОСТРЕБОВАНІЯ
"ON CALL"
КАССА

ПРІЕМЪ ЗАКЛАДОВЪ
КАССА

Gegenüber, oben:
Schalterhalle in der Petersburger Filiale der Vereinigten Bank. Newski-Prospekt Nr. 23. 1912

Gegenüber, unten:
In der Liteiny-Filiale der Hypothekengesellschaft. Newski-Prospekt Nr. 78. Mai 1903

Links:
Tresorraum der Petersburger Kreditgenossenschaft mit Schließfächern. September 1913

Rechts oben:
Die Private Handelsbank in St. Petersburg. Newski-Prospekt Nr. 1. 1910

Rechts Mitte:
Die Petersburger Filiale der Sibirischen Handelsbank. Newski-Prospekt Nr. 20. 1907–1914

Die Börse auf der Wassiliinsel. Ende des 19. Jh.s

Gottesdienst in der großen Halle der Börse anläßlich der Enthüllung einer Büste Alexanders III. 1903

Oben:
Schaufenster mit Erzeugnissen der Korbflechtwerkstatt des Maria-Nikolajewna-Waisenhauses. Um 1900

Gegenüber, oben:
Schaufenster des Eisenwarenladens F. Solotow. Newski-Prospekt Nr. 25. Um 1900

Rechts:
Ladenreihe im Apraxin Dwor. Vor 1914
1913 war Apraxin Dwor der zweitgrößte von insgesamt zwanzig Kaufhöfen und Märkten in St. Petersburg. Es gab hier über 500 Läden, die Pelze, Kleidung, Hüte, Porzellan, Möbel, Schuhe, Teppiche, Leder, Eisenwaren usw. anboten. Größer als Apraxin Dwor war nur der Alexandermarkt am Wosnessenski-Prospekt mit etwa 800 Verkaufsständen und seinem berühmten Flohmarkt.

Gegenüber, unten:
Vorführung im Schaufenster des Singer-Nähmaschinengeschäfts. Sagorodny-Prospekt Nr. 10. 1904

Ф. ЗОЛОТОВЪ.
МЕТАЛЛИЧЕСКІЯ ИЗДѢЛІЯ.
№ 25.
25.

ТОВАРОВЪ.
ПЛАТКИ

ШВЕЙНЫЯ МАШИНЫ
ШВЕЙНЫЯ МАШИНЫ КОМПАНІИ ЗИНГЕРЪ
КОМПАНІЯ ЗИНГЕРЪ
БЕРЕГИТЕ
ШВЕЙНЫЯ МАШИНЫ КОМПАНІИ ЗИНГЕРЪ
КОМПАНІЯ ЗИНГЕРЪ

Gegenüber, oben:
Textilgeschäft. Um 1910

Gegenüber, unten:
Gebrauchtwarenhandel der Evangelischen Gesellschaft für geistliche und moralische Unterweisung der Protestanten. Narwaplatz Nr. 7. Um 1910

Oben:
Lebensmittelgeschäft. 1905

Rechts:
Händler vor dem Denkmal Peters I. Um 1900

Unten links:
Reklame der Handelsgesellschaft »Monopol«. Um 1900

Unten rechts:
Heringsverkäuferin. Um 1900

Gegenüber, oben:
Händler auf dem Marsfeld. 1895
Die führende Rolle im Petersburger Einzelhandel spielten sowohl ihrer Anzahl als auch dem Warenumschlag nach die Lebensmittelgeschäfte. 1900 wurden in 10418 von insgesamt 15430 Läden Lebensmittel – landwirtschaftliche Erzeugnisse und besonders Brot – verkauft. Zu den Großhandelsunternehmen kamen noch tausend Bäckereien und Konditoreien; 2305 Geschäfte verkauften Fleisch, Fisch und Molkereiprodukte.
»Auf den Straßen drängten sich Handwerker und Händler aller Art«, schrieb Mstislaw Dobuschinski. »Hausierer, Sbitenverkäufer, Scherenschleifer, Glaser, Luftballonverkäufer, Tataren, die Morgenmäntel feilboten, Parkettschleifer – wer soll sie alle aufzählen, und ihre weißen Schürzen, die Mützen, groben Mäntel, Filzstiefel (manchmal mit roten Verzierungen), die verschiedenen Utensilien und Werkzeuge des einfachen Volks – all das belebte und schmückte das Bild Petersburgs.«

Gegenüber, unten:
Schuhmacher auf dem Flohmarkt in der Nähe des Umleitungskanals. Anfang des 20. Jh.s

Wohltätigkeitsbasar.
27. Dezember 1903

Das Restaurant »Dominique«. Newski-Prospekt Nr. 24. Um 1900

Gegenüber, oben:
Bauarbeiter bei der Mittagspause. Um 1900

Gegenüber, unten:
Ausgabe kostenloser Mahlzeiten. Um 1900

Городская Санитарная Коммиссія
Обѣдъ изъ 1 блюда съ фунтомъ хлѣба
коп.

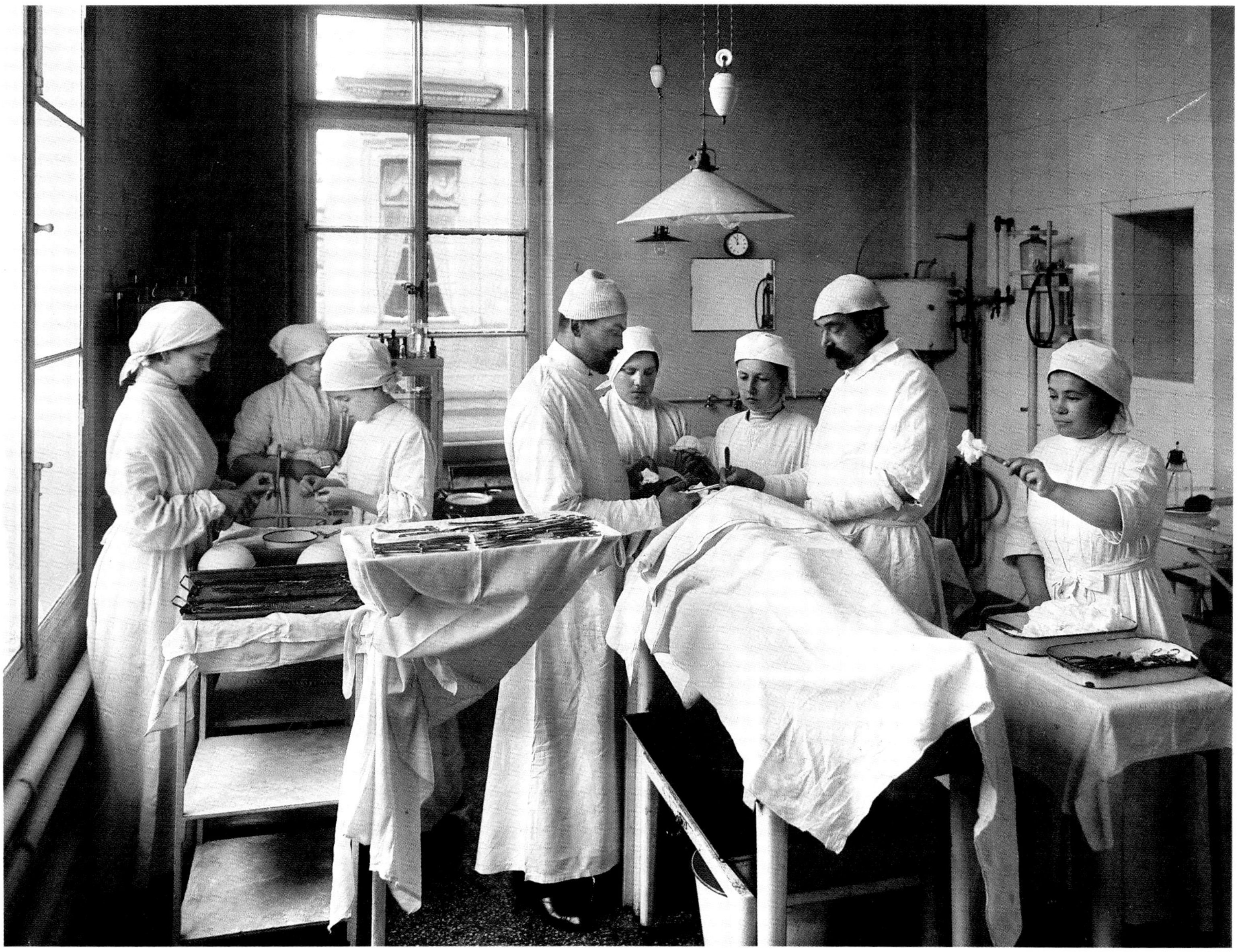

Operationssaal im Fürst-Peter-von-Oldenburg-Kinderkrankenhaus. Ligowskaja Nr. 8. 1912

Gegenüber, oben:
Kleine Patienten des Fürst-Peter-von-Oldenburg-Kinderkrankenhauses. Ligowskaja Nr. 8. Um 1900

Gegenüber, unten:
Obuchowsches Krankenhaus. Fontankaufer Nr. 106. 1913
1799 war das Obuchowsche Krankenhaus als erstes Krankenhaus für die Zivilbevölkerung gegründet worden. Anfang des 20. Jahrhunderts hatte es dreihundert Betten. Zu den hier tätigen berühmten Ärzten zählten N. I. Pirogow, A. A. Netschajew und I. I. Grekow.
Im Jahre 1900 hatte Petersburg zwölf Krankenhäuser (fünf allgemeine, ein Kinderkrankenhaus, eins für Infektionskrankheiten, drei psychiatrische und zwei für venerische Krankheiten) mit insgesamt 10 600 Betten. 1911 begann man mit dem Bau des größten allgemeinen Krankenhauses, das nach Peter dem Großen benannt wurde (das heutige Metschnikow-Krankenhaus). Ferner gab es elf Ambulatorien, in denen vierzig städtische Ärzte eine kostenlose Behandlung boten.

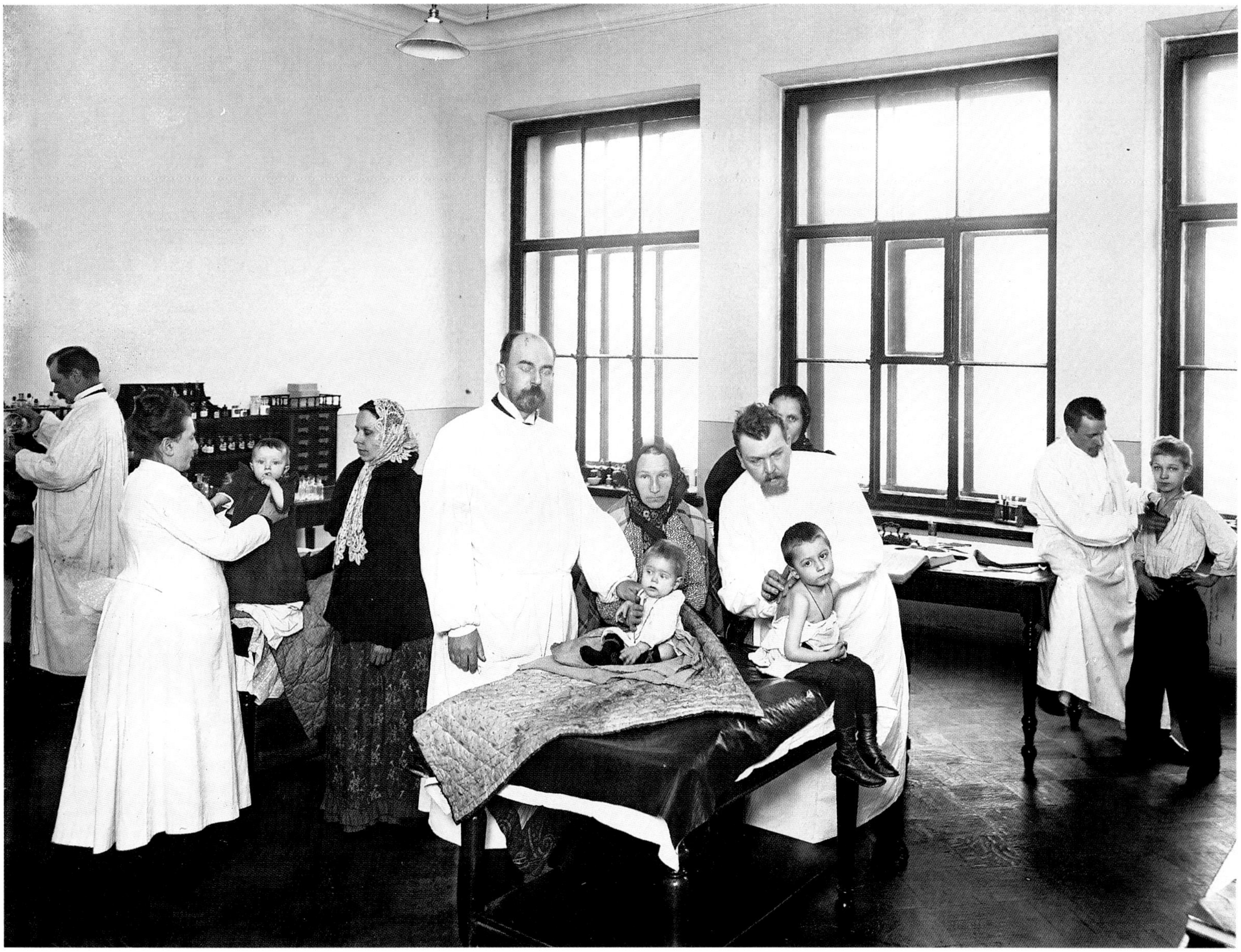

Oben:
Wartende vor einem Nachtasyl. Um 1900

Schlafsaal in einem Nachtasyl. Gluchooserskische Straße. Um 1900
Dieses Nachtasyl des Petersburger Temperenzlervereins auf dem Gelände einer ehemaligen Glashütte hatte einen Schlafsaal für zweihundert Menschen. Wer hier übernachten wollte, mußte seinen Ausweis zeigen und fünf Kopeken zahlen.

№165
№166
№164

Gegenüber, oben:
Glöckner läuten anläßlich des dreihundertjährigen Bestehens der Dynastie Romanow. Poltawaische Straße Nr. 5. 1913

Gegenüber, unten:
Eine Glocke wird in den Glockenturm der Peter-Pauls-Kathedrale hochgezogen. Um 1900

Links:
Nonnen in der Kathedrale Unserer Lieben Frau von Kasan. Anfang des 20. Jh.s

Rechts oben:
Bettler vor einer Kirche. Um 1900

Rechts Mitte:
Eine Pilgergruppe. Anfang des 20. Jh.s

Gegenüber, oben:
Jüdisches Gemeindezentrum mit Synagoge. Lermontowprospekt Nr. 2. Um 1910

Gegenüber, unten:
Moschee am Kronwerkprospekt. 1910–1912

Oben:
Gläubige in einem buddhistischen Tempel. Staraja Derewnja, Lindengasse Nr. 91. 1900–1910

Oben:
Feuerwehrmann mit Schutzkleidung vor dem Einsatz in einem brennenden Haus. Um 1900

Unten:
Gepäckträger am Nikolausbahnhof. 1910–1912

Gegenüber, oben:
Feuerwehrleute bergen ein in die Moika gestürztes Auto. Anfang des 20. Jh.s

Gegenüber, unten:
Das Wohnhaus des Barons W. B. Frederiks. Gardekavalleriestraße Nr. 23. 1908

Московскiй
РЕСТОРАНЪ МЕДВѢДЬ
40
С. МАЗУРКЕВИ

Gegenüber, im Uhrzeigersinn von oben links:
Kaufmann der Porzellan- und Glashandelskompagnie Gardner. 1911

Hausmädchen. 1910–1912

Schornsteinfeger. 1910–1913

Vorarbeiter. Anfang des 20. Jh.s

Koch. Um 1900

Ein Mann mit einer Kamera. Um 1910

Folgende Seiten:
Droschkenkutscher. 1899
Mstislaw Dobuschinski schrieb in seinen Erinnerungen: »Die Droschkenkutscher, die Petersburger ›Wankas‹, aus dem Straßenleben unmöglich wegzudenken, trugen den traditionellen, seit ewigen Zeiten gewohnten blauen Bauernrock, der bis auf die Fersen reichte, und einen Hut aus Wachstuch – eine Art flacher, niedriger Zylinder, zum Kopf hin enger, mit aufgebogener Krempe (vorn die obligatorische Kupferschnalle). Im Winter trugen sie Pelzmützen mit quadratischem tuchenem, manchmal auch samtenem Oberteil. Und was für bunte, gemusterte Gürtel sie hatten!«

Droschke, Straßenbahn und Automobil

Pferdeschlitten. Um 1900

Wagen der französischen Firma Renault auf dem Schloßplatz. Um 1910

ВОЗНЕСЕНСК. ПР.
АЛЕКСАНДР. САДЪ

DROSCHKE, STRASSENBAHN UND AUTOMOBIL

Zeitgenössische Berichte bezeugen, daß ein Neuankömmling, trat er aus einem der Petersburger Bahnhöfe, seine Nase vom Geruch des Pferdemists attackiert fand. Die ganze Luft war damit geschwängert, er schien die Holzbauten zu durchtränken und in alle Spalten und Fugen der steinernen Gebäude und des Pflasters zu dringen. Zwei Jahrhunderte lang gehörten Pferde untrennbar zum Petersburger Stadtbild und belebten die breiten Hauptverkehrsstraßen wie die schmutzigen Hinterhöfe der Außenbezirke. 1900 zählte man 26 485 Fuhrleute in der Stadt, dreizehn Jahre später doppelt so viele. Über 200 000 Räder rumpelten Tag und Nacht über das Kopfsteinpflaster. Leo Uspenski erinnerte sich, daß man jeden Tag »Zigtausende Traber, Rosse, Schindmähren und junge Vollbluthengste« sehen konnte. Die Versorgung dieser gewaltigen Herde beschäftigte ganze Gewerbe: Futtermittelhändler, Sattler, Stellmacher, Hufschmiede; dazu kamen zahlreiche Tierärzte, Pferdeauktionen, Reitgelände, überdachte Reitbahnen, Rennbahnen, Ställe - und natürlich auch Pferdediebe.

Mit steigender Bevölkerungszahl und stetigem Flächenwachstum wurde der Verkehr zu einem Problem. 1847 nahm der erste Pferdeomnibus - nach der Anzahl der wenig komfortablen Plätze »Vierzig Märtyrer« genannt - auf der Strecke zwischen Admiralität und Snamenskaja-Platz den Betrieb auf. Vier Jahre später gab es bereits vier Strecken, die von verschiedenfarbigen Stellwagen befahren wurden. Der Verkehr zwischen der Hauptstadt und nahe gelegenen Orten wurde durch Kutschen erleichtert, die vom Gostiny Dwor nach Peterhof und Alexandrowsk fuhren.

Fünfzehn Jahre später führte die Aktiengesellschaft für Pferdebahnen eine Pferdestraßenbahn ein, die »konka« (von »kon«, Pferd) - ein Wort, das bald zum täglichen Vokabular der Einwohner gehörte. Die ersten Schienen verliefen auf dem Newski, und binnen kurzem gewann dieses für viele erschwingliche Transportmittel die Herzen der Petersburger Kinder wie auch der älteren Herrschaften. 1877 durchkreuzten 26 Pferdebahnlinien mit einer Gesamtlänge von 84 Werst (1 Werst = 1,06 km) die Innenstadt. Eine Fahrt im Wagen kostete fünf Kopeken, für einen Platz auf den beiden Sitzbänken auf dem Dach bezahlte man drei Kopeken. Die Konkas - die sich in Größe und Farbe unterschieden und in schmalen Gassen von einem, in der Innenstadt von zwei Pferden gezogen wurden - hatten Mühe, verstopfte Kreuzungen zu überqueren und vor allem die steilen, buckligen Newabrücken zu erklimmen. Deshalb standen an den Auffahrten meist Hilfspferde bereit. Sie wurden vor den Wagen gespannt und galoppierten bis zum höchsten Punkt der Brücke mit; dort spannten die Pferdeknechte sie wieder aus und kehrten gemächlich mit ihnen zurück.

Bereits 1880 wurde die erste Straßenbahn (Patent des Ingenieurs F. A. Piratski) erprobt. Allerdings konnte dieses neue Transportmittel erst am 29./16. September 1907 in Betrieb genommen werden. Bis zu diesem Zeitpunkt gehörten alle Gleise in Petersburg der Aktiengesellschaft für Pferdebahnen, mit der die Stadt ein Abkommen über einen unvernünftig langen Zeitraum geschlossen hatte. Die elektrische Straßenbahn mußte sich mit Gleisen über die zugefrorene Newa begnügen; sie fuhr erstmals im Winter 1895 und blieb auf Jahre hinaus ein reines Winterphänomen. Lange bevor sie in den Straßen der Stadt auftauchte, diente sie als beliebtes Verkehrsmittel zum Überqueren des Flusses.

Am 22./10. August 1895 brach eine neue Epoche in der Geschichte des Transportwesens an. Beinahe alle Petersburger Zeitungen berichteten über das Wundergefährt, das in den Straßen der Stadt erschienen war und Scharen von Neugierigen anzog: die erste »pferdelose Kutsche«. Die *Börsennachrichten* schrieben, daß ein Automobil eine Geschwindigkeit von bis zu 25 Werst in der Stunde erreichen und daß sein Tank genügend Treibstoff für sechs Stunden Fahrt aufnehmen könne. Die Einführung der »Selbstfahrkutschen« verlief nicht ohne Zwischenfälle. Die Presse meldete, daß Pferde beim Anblick der Automobile durchgingen. Das Transportmonopol des Pferdes war gebrochen. Auch wenn sie noch recht lange neben den Automobilen zu sehen waren - nach und nach wurden die Pferde abgehalftert.

Die Futurologen des 19. Jahrhunderts, die geunkt hatten, eines Tages werde der Gestank des Pferdemists die Bürger noch ersticken, befanden sich im Irrtum; und sie unterschätzten auch die Gefahren des neuen Transportmittels. Vorerst wurde es weiterentwickelt und verbessert, ständig tauchten neue Modelle auf. 1913 gab es in Petersburg 2585 Autos. Das Bild des städtischen Verkehrs war im frühen 20. Jahrhundert noch gemischt. Neben den ersten Automobilen, Bussen und Straßenbahnen konnte man auf Plätzen und Kais immer noch einen einfachen Fuhrknecht oder einen kühnen Rosselenker sehen; und hin und wieder begegnete man auch einem der letzten Pferdeomnibusse.

Gegenüber:
Businspektion. 1910-1912

Einer der ersten Lastkraftwagen mit Verbrennungsmotor. Anfang des 20. Jh.s

Gegenüber, oben:
Städtischer Droschkenkutscher. Um 1910

Gegenüber, unten:
Kutscher mit Zweispänner. Um 1910

Oben:
Zweigespann vor einem Schlitten. Um 1910
»Man konnte auf dem Gehweg stehenbleiben«, schrieb Leo Uspenski, »und sich am Anblick eines schnaubenden Rappen oder Schwarzbraunen erfreuen, der den Atem wie ein Drache durch die bebenden Nüstern stieß, während der Schnee unter den Schlittenkufen zur Seite stob. Und hinter dem Pferd der Kutscher in grimmiger Entschlossenheit.«

Unten:
Troika. Um 1900

Oben:
Eisgewinnung auf der Newa. Um 1900

Wasserträger aus Ochta. 1907–1910
Sommers wie winters traf man Wasserträger auf den Straßen. 1863 wurde mit dem Bau einer Hauptwasserleitung begonnen, die einen Teil der Innenstadt zwischen Newa und Umleitungskanal versorgen sollte. Wassiliinsel, Petersburger und Wyborger Seite erhielten 1873 fließendes Wasser, während sich die Menschen in den Arbeitervierteln am Rande der Stadt – in den Gebieten außerhalb des Umleitungskanals, in Staraja und Nowaja Derewnja, Klein- und Groß-Ochta usw. – ihr Wasser weiterhin aus Brunnen oder aus der Newa und ihren Seitenarmen holen mußten.

Oben links:
Müllabfuhr. 1912
Die Müllabfuhr war eine der wichtigsten städtischen Einrichtungen. Diese Arbeit erledigten vor allem Bauern aus den umliegenden Dörfern, etwa Rutschi, Piskarjowka, Rogatka, Kolomjagi oder Graschdanka. Die meisten männlichen Dorfbewohner arbeiteten als Droschkenkutscher und betrieben nur eine Nebenerwerbslandwirtschaft.

Oben rechts:
Lumpensammlung auf dem Nikolausmarkt. 1900

Unten rechts:
Verladen von Postsäcken an der Petersburger Hauptpost in der Postamtsstraße. 1906

Gegenüber, oben:
Fuhrmann. Um 1900

Gegenüber, unten:
Petersburger Droschkenkutscher mit einem von de Rebert entwickelten Taxameter. 1910–1912

АЛЕКСАНДРЫ ѲЕОДОРОВНЫ

Vorangehende Seiten:
Pferdeomnibus unterwegs. 1906

Oben:
Pferdebahnen im Hof der Aktiengesellschaft für Pferdebahnen. 1898

Unten:
Fahrer der Aktiengesellschaft für Pferdebahnen bewegen ihre Pferde. 1898

Gegenüber, oben:
Pferdebahn auf der Schloßbrücke. 1905-1906

Gegenüber, unten:
Pferdebahn auf der Anitschkowbrücke. 1906

МЕБЕЛЬ
Ф. А. ЮГАНСОНЪ
Качествомъ внѣ конкуренціи
ЦВѢТОЧНЫЙ О-ДЕ-КОЛОНЪ
БРОКАРЪ и К°
АДМИРАЛ. ПРОСП. – НИКОЛАЕВ. ВОКЗАЛ.
12
ВХОДЪ ЗАПРЕЩАЕТСЯ

An einer Fähranlegestelle am Senatsplatz. Um 1900

Oben:
Die Waschhaus-Anlegestelle an der Fontanka. 1910–1911
Den Mangel an Brücken über Flüsse und Kanäle machte der Fährbetrieb wett. Die Passagierschiffe verkehrten auf der Newa und der Fontanka zwischen sieben Uhr morgens und elf Uhr abends alle fünf bis sieben Minuten.

Unten:
Fährmann in einem Ruderboot. 1900

Straßenbahnen beim Überqueren der zugefrorenen Newa. 1900

Oben:
Ein Mann mit einem Schlitten auf der zugefrorenen Newa. Um 1900

Gegenüber:
Dampflokomotive auf dem Samsonprospekt. Anfang des 20. Jh.s
Auch die Eisenbahn gehörte zu Beginn des 20. Jahrhunderts zu den öffentlichen Verkehrsmitteln der Stadt. Eine Linie verkehrte in Lesnoje, die andere begann nicht weit vom Snamenskaja-Platz und führte bis in das Dorf Mursinki in der Nähe der Obuchowschen Stahlhütte. Eine kleine Lokomotive mit Lokomotivführer und Heizer zog die konkaähnlichen Waggons; manche davon waren im Sommer offen, andere hatten auf dem Dach Sitzbänke für Fahrgäste, denen Rauch, Ruß und Funkenflug nichts ausmachten.

Oben:
Jungfernfahrt der elektrischen Straßenbahn. 1907

Unten:
Feierliche Eröffnung des Straßenbahnverkehrs auf den Straßen von Petersburg. 1907
Am 29./16. September 1907 fand die Eröffnung des Straßenbahnbetriebs statt. Wegen eines Langzeitvertrags der Stadtverwaltung mit dem Betreiber der Konkas, der Pferdebahnen, konnten die elektrischen Straßenbahnen ihren Betrieb nicht schon eher aufnehmen.
Eine Zeitung berichtete über das Ereignis: »Kurz nach neun Uhr trafen die ersten geladenen Gäste am Alexandergarten ein, wo man ein großes, mit exotischen Pflanzen dekoriertes Zelt aufgebaut hatte. Am Eingang des Gartens stellten sich die Straßenbahnfahrer in ihren funkelnagelneuen Uniformen in zwei Reihen auf. Zehn mit Nationalflaggen geschmückte Straßenbahnen standen auf den Schienen. Durch die elegante Form und die leuchtend bunten Farben zogen sie die Aufmerksamkeit und Bewunderung Tausender von Zuschauern auf sich. Den ganzen Tag über waren die Straßenbahnfahrten eine gewaltige Attraktion, und alle Bahnen quollen vor Fahrgästen beinahe über.«

ШТАБЪ
МОСКОВСК.АРМІИ

Gegenüber, oben:
Armeefahrzeuge. 1905

Gegenüber, unten:
Krankenwagen. Um 1910

Oben links:
Kraftdroschken an der Peter-Pauls-Kathedrale. 1910
Am 29. April 1909 brachte die Zeitung *Neue Zeit* folgende Nachricht: »Die neue Gesellschaft der St. Petersburger Kraftdroschken nimmt am 1. Mai ihren Betrieb in Petersburg auf. Der Fahrpreis beträgt 40 Kopeken pro Werst, und es wird ein Rubel pro Stunde Wartezeit verlangt. Die Kraftdroschken haben keine festen Halteplätze und können wie gewöhnliche Droschken überall in der Stadt herangewinkt und angehalten werden. Alle Taxen sind in Amerika gefertigte Fords, die elegant und leicht wirken. Die Fahrer tragen eine Dienstkleidung nach französischer Mode. Am 1. Mai werden 15 Taxen den Betrieb aufnehmen, und im Laufe der Zeit will man ihre Zahl auf 500 erhöhen.«

Unten links:
Der Wagenpark der Hauptpost. 1906

Oben:
Frisch aus der Presse: Die neueste Ausgabe der täglichen *Börsennachrichten* wird mit speziellen Gefährten in der ganzen Stadt ausgeliefert. Galeerenstr. Nr. 40. 1912

Folgende Seiten:
Bus auf dem Wladimirschen Prospekt. 1911

IDAHOLM

ЛОМБАРДЪ

Von Alpha bis Omega

Tanzunterricht im Smolny-Institut für adlige Fräulein. 1914

VON ALPHA BIS OMEGA

Die Entwicklung eines Landes wird häufig nach dem Stand der Emanzipation seiner Frauen beurteilt. Aber genauso zuverlässig kann man sie vielleicht nach der Bildung der Bevölkerung beurteilen, spiegeln sich Stärken und Schwächen eines Staates doch darin wider. Rußland, ein Land mit krassen Gegensätzen von Armut und Reichtum, Ergebung und Empörung, zeigte eine paradoxe Kombination von europäischer Gelehrtheit und erschreckendem Analphabetismus. 1913 lebte eine Fülle begabter Wissenschaftler, Erfinder und Ingenieure, die jedem Land zur Ehre gereicht hätten, inmitten einer Bevölkerung, von der drei Viertel noch nicht einmal ihren Namen schreiben konnten.

Rußland hatte weniger Studenten (3,85 Prozent der Bevölkerung) als jedes andere europäische Land und gab für ihre Ausbildung auch weniger Geld aus. Endlose Diskussionen über die Notwendigkeit einer Bildungsreform und die Einrichtung von mehr Schulen bewirkten nicht viel. Von 1897 bis 1917 lösten zehn Minister für Bildung und Erziehung einander ab; ihre Tätigkeit wurde oft als »Volksverfinsterung« bezeichnet (im Gegensatz zu »Volksaufklärung«, dem Terminus für Bildung und Erziehung). Ein im Januar 1905 von 342 Wissenschaftlern, darunter sechzehn Mitglieder der Akademie der Wissenschaften und 125 Professoren, verfaßter Appell stieß in Rußland und im Ausland auf breite Zustimmung (in der Folge wurde er von 1500 Bürgern unterzeichnet). Darin hieß es: »Die in erster Linie von polizeilichen Erwägungen geleitete Regierungspolitik im Hinblick auf die Volksbildung hemmt den Fortschritt, verhindert geistiges Wachstum und führt zum Niedergang des Landes.«

Daß das Russische Reich ein militaristischer Polizeistaat mit strikter Regulation sämtlicher Lebensbereiche war, zeigte sich auf Schritt und Tritt. Offiziere, Polizisten, Gendarmen, Beamte, sogar Studenten und Gymnasiasten trugen Uniform. Die von Peter I. eingeführte »Rangtabelle«, gültig bis zur Februarrevolution, regelte nicht nur die Hierarchie in Heer, Marine, Hof- und Zivildienst, sondern wies jedem einzelnen seinen Platz gemäß seinem Stand zu. Auch auf das Bildungssystem wirkte sie sich aus. Die Rechtsschule, das Alexanderlyzeum, das Orientalische Institut beim Ministerium für auswärtige Angelegenheiten, das Kadettenkorps und das Smolny-Mädcheninstitut waren wie viele andere nur Kindern des Adels zugänglich. Mehr als die Hälfte aller Schüler der Knabengymnasien war adliger Herkunft. Die Kinder der Armen durften bestenfalls auf den Besuch einer Elementarschule hoffen. Im Jahre 1913 gingen achtzig Prozent aller Jugendlichen überhaupt nicht zur Schule.

Zu diesem Zeitpunkt gab es in Petersburg 700 Elementarschulen, an denen 70 000 Kinder unterrichtet wurden. Dennoch lag das Niveau der Elementarbildung in Petersburg weit unter dem in europäischen Hauptstädten und in Moskau (wo der Volksschulbesuch vier Jahre dauerte – in Petersburg nur drei). Weiterführende Schulen gab es in Rußland in verwirrender Vielfalt – allein an allgemeinbildenden etwa dreißig Typen. Petersburg hatte ferner u. a. 53 Handelsschulen, dreizehn Berufsschulen, dreizehn medizinische Lehranstalten, ein Institut für Elektrotechnik und eins für Telegraphenwesen, eine Brauereischule, Navigationsschulen, private Fahrschulen, ganz zu schweigen von den zahllosen Kursen in Schneidern und Nähen, Stenographie, Maschineschreiben, Buchhaltung usw. Ihre Zahl schwankte, aber am Vorabend des ersten Weltkriegs hatten sie ungefähr 20 000 Schüler und Studenten.

36 Petersburger Gymnasien vermittelten eine klassische geisteswissenschaftliche Bildung. Ihren Absolventen standen alle Türen offen. Im Zuge der industriellen Entwicklung wurde eine spezialisiertere Ausbildung notwendig, und in der ersten Dekade des 20. Jahrhunderts verdoppelte sich die Schülerzahl von 24 000 auf 48 000. Zwanzig der ungefähr achtzig höheren Lehranstalten für Knaben waren humanistische Gymnasien, zwanzig Realgymnasien. Kinder weniger gut situierter Eltern hatten jedoch kaum eine Chance, diese Schulen zu besuchen. Das Schulgeld betrug 200–250 Rubel pro Jahr (das war mehr als das Jahreseinkommen vieler Fabrikarbeiter). Andere weiterführende Schulen verlangten achtzig Rubel jährlich. Der Fairneß halber muß aber gesagt werden, daß begabten Kindern einkommensschwacher Familien bei entsprechender Leistung das Schulgeld erlassen werden konnte.

Koedukation war im zaristischen Rußland selten; in diese Richtung zielende Vorschläge von Pädagogen wurden von der Regierung zurückgewiesen. Nur die Wyborger Kommerzschule, ein paar Dutzend Elementarschulen und eine Handvoll Privatschulen unterrichteten beide Geschlechter. Infolgedessen gab es ein blühendes System der Mädchenerziehung. Zu Beginn des 20. Jahrhunderts war mehr als die Hälfte aller Petersburger mit höherer Schulbildung weiblichen Geschlechts.

Der langjährige Kampf fortschrittlicher Kräfte für die Gleichberechtigung der Frau führte gegen Ende des 19. Jahrhunderts zur Gründung zahlreicher höherer Bildungsanstalten für Frauen. 1895 richtete M. A. Lochwizkaja-Skalon ein Seminar für moderne Sprachen ein. Pjotr Lesgaft gründete 1896 ein Institut für Lehrerinnen der Leibeserziehung, und im Jahr darauf öffnete das Medizinische Institut für Frauen, eine der besten Bildungseinrichtungen der Hauptstadt, seine Pforten. Anfang des 20. Jahrhunderts begründete Professor Iwan Stebut die dreijährigen Höheren Kurse für Frauen in den Bereichen Naturwissenschaften und Agronomie. Ganz oben jedoch rangierten die Bestuschewschen Höheren Kurse für Frauen mit universitärem Fächerkanon. Sie wurden um 1910 von etwa 5000 Studentinnen besucht; etwa zur gleichen Zeit bekamen Frauen freien Zugang zu Universitäten und Instituten.

In Petersburg wuchs die Zahl der akademischen Bildungseinrichtungen stürmisch; in den Jahren 1895 bis 1914 erhöhte sie sich von 21 auf 60. Zu den traditionsreichen Einrichtungen – Universität, Bergbauinstitut, Forstwirtschaftliches Institut, Technologisches Institut, die Institute für Ingenieure der Wege- und Wasserkommunikation und für Zivilingenieure, Militärmedizinische Akademie, Akademie der Künste, Konservatorium, Geistliche Akademie – kamen das Institut für Elektrotechnik, das Polytechnische und andere Institute. Obwohl insgesamt eine beträchtliche Zahl von Studienplätzen zur Verfügung stand (an der Universität über 7000, am Polytechnikum etwa 5000 und je 2000 am Technologischen und am Bergbauinstitut), überschritt die Zahl der Bewerber die der freien Plätze bei weitem, was zu einem harten Konkurrenzkampf führte. So bewarben sich beispielsweise zu Beginn des 20. Jahrhunderts jährlich 700 junge Männer um die fünfzig freien Plätze am Bergbauinstitut. Die Ausstattung der höheren Bildungsanstalten variierte je nach der übergeordneten

Der Universitätskai: Akademie der Wissenschaften (mit Säulen) und Kunstkammer (mit Turm). Anfang des 20. Jh.s

Studenten der Geistlichen Akademie (russisch-orthodox). 28./15. Dezember 1909
In Petersburg gab es zu Beginn des 20. Jahrhunderts verschiedene religiöse Institute: zwei Akademien, zwei Seminare (orthodox und römisch-katholisch) und eine russisch-orthodoxe Schule.

Verwaltungsbehörde qualitativ, war aber insgesamt besser als die der Laboratorien an der Akademie der Wissenschaften, weshalb viele bedeutende Wissenschaftler und Spezialisten die Arbeit an Instituten und Hochschulen vorzogen, wo sie ihren Forschungen nachgehen und zugleich den akademischen Nachwuchs ausbilden konnten. Petersburg brachte zahlreiche Wissenschaftler von Weltruf hervor, beispielsweise Dmitri Mendelejew, Iwan Pawlow und Wladimir Wernadski, um nur einige zu nennen.

Eltern warten mit ihren Kindern auf die Anmeldung an der Städtischen Volksschule. Wassiliinsel, 7. Linie Nr. 52. 1913

Oben:
Koedukationsschule des Alexander-Newski-Temperenzlervereins. 1909

Mitte:
Klasse im Nikolaus-I.-Waisenhaus. Um 1900

Unten:
In der Kindertagesstätte der Expedition der Staatspapiermanufaktur. Fontankaufer Nr. 144. 1903

Gegenüber, oben:
Schüler der Petersschule (Träger war die Kaufmannsgesellschaft) im schuleigenen Observatorium. 1908

Gegenüber, unten:
Schüler des Peter-der-Große-Gymnasiums mit ihrem Lehrer. Großer Prospekt, Petersburger Seite. 1900

Schüler des Kaiserlichen Alexanderlyzeums vor der Büste Alexander Puschkins in einem Garten. 1911
Viele berühmte Persönlichkeiten sind aus dem 1811 in Zarskoje Selo gegründeten Lyzeum hervorgegangen. Besonders von den Zöglingen des ersten Jahrgangs spielten viele später eine bedeutende Rolle in Politik, Kunst und Literatur: Puschkin als der berühmteste von ihnen, die Dekabristen Iwan Puschtschin und Wilhelm von Küchelbecker, der Dichter und Herausgeber Baron Anton Delwig, der langjährige Außenminister Fürst Alexander Gortschakow, der nimmermüde Reisende Admiral Fjodor Matjuschkin. 1843 wurde das Lyzeum von Zarskoje Selo nach Petersburg verlegt und im ehemaligen Alexander-Waisenhaus auf der Petersburger Seite untergebracht. Der frühere »Lyzeumsgeist« hatte jedoch das Jahr 1822 nicht überlebt: Damals war die Schule dem Departement für militärische Bildungsanstalten unterstellt worden. Puschkin beklagte diesen Wechsel:
»Das Schicksal mit seiner eisernen Hand
ergriff unser friedvolles Lyzeum.«

Das Marinekadettenkorps während einer Parade anläßlich der Hundertjahrfeier der Schlacht bei Borodino. Schloßplatz. 1912
Die Kadettenkorps waren exklusive höhere Bildungsanstalten für Kinder aus Adels- und Offiziersfamilien. In den Jahren 1911–1914 gab es in Rußland 26 Kadettenkorps mit insgesamt über 10 000 Zöglingen. Allein in Petersburg befanden sich sechs Korps, darunter die unteren Jahrgänge des Pagenkorps und das Marinekadettenkorps.

Unten:
Militärkapelle der Pawlowschen Kadettenschule. 1913
Gegen Ende des 19. Jahrhunderts bestanden in Rußland zehn zweijährige Kadettenschulen. 1903 wurde die Ausbildungsdauer auf drei Jahre erhöht; jährlich absolvierten etwa 10 000 Zöglinge diese Schulen. In Petersburg gab es acht Militärschulen (das Pagenkorps, zwei Infanterieschulen, zwei Artillerieschulen, eine Kavallerieschule, eine Ingenieur- und eine topographische Schule), sechs Militärakademien (Heer, Marine, Artillerie, Militäringenieurwesen, Militärmedizin, Militärrecht) und seit 1911 die Quartiermeisterschule.

Unterricht zum Thema Brandbekämpfung in der Feuerwehrschule der St. Petersburger Stadtverwaltung. 1910

Oben:
Das Gebäude des Kaiserlichen Polytechnischen Instituts. Lesnoi-Prospekt Nr. 1–3. 1907

Mitte:
Das Gebäude des Medizinischen Instituts für Frauen. Bischofsstraße Nr. 8. 1913

Unten:
Das Gebäude der Kaiserlichen Öffentlichen Bibliothek. Um 1910
Im Jahre 1795 in Petersburg begründet, wurde die Bibliothek zwei Jahrzehnte später – am 14./2. Januar 1814 – der Öffentlichkeit zugänglich. Bibliotheksdirektor war der Schriftsteller, Wissenschaftler und Kunstliebhaber Alexei Olenin. Im Laufe der Jahre zählten zum Mitarbeiterstab Nikolai Gneditsch (Dichter und Übersetzer der Ilias), der Fabeldichter Iwan Krylow, Puschkins Lyzeumskamerad Anton Delwig, der Dichter Konstantin Batjuschkow, der Schriftsteller Michail Sagoskin, der Musik- und Kunstkritiker Wladimir Stassow und viele andere. Berühmte Persönlichkeiten des öffentlichen Lebens, Schriftsteller und Gelehrte frequentierten die Bibliothek: etwa Wissarion Belinski, Nikolai Tschernyschewski, Graf Leo Tolstoi, Georgi Plechanow, Maxim Gorki und Wladimir Lenin.

Gegenüber:
Der große Lesesaal der Kaiserlichen Öffentlichen Bibliothek. 1910

Oben:
Studenten, Lehrer und Gäste anläßlich der Hundertjahrfeier des Instituts für Ingenieure der Wege- und Wasserkommunikation. 1910

Studentinnen der Bestuschewschen Höheren Kurse für Frauen in der Mensa. 1910

Studenten und Gasthörer der Kaiserlichen Universität St. Petersburg in der Mensa. 1910

Der Chemiker Dmitri Iwanowitsch Mendelejew, der ein Periodensystem der chemischen Elemente aufstellte. Er war auch Begründer und erster Direktor des Eichamts. Um 1890

Rechts:
Nikolai Petrowitsch Lichatschow, Historiker, Mitglied der Akademie der Wissenschaften, Begründer des Paläographischen Museums. Um 1910

Links:
Der Jurist Anatoli Fjodorowitsch Koni, Mitglied des Reichsrats, Schriftsteller und Ehrenmitglied der St. Petersburger Akademie der Wissenschaften. Um 1910
1878 leitete Anatoli Koni, damals Vorsitzender des St. Petersburger Bezirksgerichts, das sensationelle Gerichtsverfahren gegen Wera Sassulitsch. Die Angeklagte hatte ein Attentat auf General Fjodor Trepow, den für seine grausame Behandlung politischer Gefangener berüchtigten Petersburger Stadtkommandanten, verübt. Das Geschworenengericht sprach sie frei. Alexander II. forderte Koni auf, seinen sofortigen Rücktritt zu erklären, aber dieser lehnte entschieden ab: der Zar solle ihn des Amtes entheben oder aber das Gesetz über die Unabhängigkeit und Unabsetzbarkeit der Richter bekräftigen. Der liberale Zar hielt sich ans Gesetz. Koni erinnerte sich: »Das Schicksal fügte es, daß ich ein treuer Diener der Prinzipien blieb, denen ich mich seit meiner Universitätszeit verpflichtet hatte, und die Freundschaft und der Respekt solcher Männer wie Kawelin und Granowski, Arzimowitsch, Graf Miljutin, Tschitscherin und Graf L. N. Tolstoi machten das verderbliche Wohlwollen erlauchter Persönlichkeiten und den tückischen Gruß ihrer ›Berater und Krieger‹ mehr als wett.«

Oben:
Der Physiologe Iwan Petrowitsch Pawlow mit einer Gruppe von Studenten während einer Vorlesung. 1907–1908

Gegenüber:
Wladimir Michailowitsch Bechterew, Begründer und Leiter des Psychoneurologischen Instituts, während einer Hypnosesitzung. 1913

Stepan Ossipowitsch Makarow, russischer Marinekommandant, Vizeadmiral und Ozeanograph. 1896

Der Eisbrecher *Jermak*. Anfang des 20. Jh.s
Der erste Eisbrecher der Welt, der mit einen Meter dickem Eis fertig wurde, erhielt seinen Namen nach dem Kosakenataman Jermak Timofejewitsch, der mit seiner Expedition im Jahre 1579 die Kolonisierung Sibiriens einleitete. Der Eisbrecher, geistiges Kind des Vizeadmirals Stepan Makarow, wurde 1899 unter dessen Aufsicht in Großbritannien gebaut. Arktischem Eis war er allerdings nicht gewachsen, und man verwendete ihn in der Ostsee beim Kronstädter Hafen.

ЕРМАКЪ

Die Kunst und die Feste

Michail-Glinka-Denkmal auf dem Theaterplatz. 1910–1913

Ausstellung des Kaiserlichen Landwirtschafts-
museums. Marktstraße Nr. 1. Um 1900

Der Ferienort Sestrorezk am Finnischen Meerbusen. 1913

DIE KUNST UND DIE FESTE

In der Mitte des 19. Jahrhunderts ließ das aufgeklärte Europa, das von einer Fülle schöner Künste verwöhnt war und lange den Geist der Renaissance geatmet hatte, die Hochstimmung und Eleganz des Barocks, das prächtige Rokoko und das Empire, die Monumentalität des Klassizismus und den Überschwang der Romantik hinter sich und brach in eine neue Phase der kulturellen und zivilisatorischen Entwicklung auf. Der Eleganz und Vielfalt von Formen, Genres und Stilrichtungen überdrüssig, ästhetisch überfeinert und gelangweilt, wurde Europa geradezu überwältigt von der Blüte der russischen Kultur, die langvergessene Werte wiederentdeckte, neue fand und ein verblüffend frisches Bild des Menschen und der Vielfalt der historischen, natürlichen und geistigen Landschaft darbot.

Die Wurzeln der russischen Kultur reichen bis zu den Traditionen der frühen Chroniken und des Igorlieds, dieses bedeutenden Literaturdenkmals der alten Rus, und sie blickt auf ein großartiges Erbe zurück: Legenden, Lieder, Bylinen, Sagen, slawisches Wissen und byzantinische Gelehrsamkeit, die prachtvollen Sophienkathedralen in Kiew und Nowgorod, die strengen, erhabenen Fresken und Ikonen von Andrei Rubljow, das spirituelle Streben der »Starzen von jenseits der Wolga« und die flammenden Schriften und Sendschreiben des Protopopen Awwakum. Im Laufe der Zeit wurde die russische Kultur von der Schönheit der russischen Natur durchdrungen, die auf den ersten Blick ruhig und seltsam gedämpft erscheint, bei genauerem Hinschauen jedoch eine Fülle von Schattierungen und Zwischentönen in einem einzigartigen Bild offenbart.

Die russische Kultur hat ihren Reichtum über die Jahrhunderte hin langsam entwickelt, immer wieder glänzende Werke geschaffen, dabei großzügig aus dem Quell anderer Kulturen geschöpft. Aber im 19. Jahrhundert brachte sie in einer wahren Explosion eine ganze Schar von Schriftstellern, Künstlern und Musikern hervor, die Rußland und der Welt Unvergleichliches schenkten. Die Literatur ging dabei voran. Iwan Turgenjew, Fjodor Dostojewski und Leo Tolstoi, die ihr als erste weltweit Gehör verschafften, entdeckten mehr als nur das unbekannte russische Land – sie entdeckten eine neue und authentische Innenwelt ihrer Helden: Spontan, sensibel, nahmen sie nicht nur ihre Umwelt, sondern auch die Regungen ihrer eigenen Seele wahr.

»Zuwenig Sonne – das ist der Schlüssel zur russischen Geschichte. Die langen Nächte erklären die russische Psychologiebesessenheit.« Diese ironische, scharfsinnige Bemerkung machte der Schriftsteller Wassili Rosanow Anfang des 20. Jahrhunderts. Aufgrund des Fehlens demokratischer Rechte in Rußland, das jede öffentliche Diskussion drängender sozialer und politischer Probleme unmöglich machte, konnte sich der soziale Gedanke nur in literarischen Formen aussprechen. Den russischen Schriftstellern mit ihrer hohen Spiritualität, inneren Freiheit und Unabhängigkeit, mit ihrem Suchen, ihrem freimütig geäußerten Urteil, die sich aller menschlichen Erfahrung öffneten, fiel es zu, das Vakuum zu füllen, in dem nach Alexander Herzen nicht nur die einzelnen Dörfer, sondern auch die einzelnen Gedanken meilenweit voneinander entfernt lagen. Seit Puschkin und Gogol (nach Meinung Dostojewskis geht von ihnen die gesamte russische Literatur aus) lebte die große Tradition der Liebe und des Mitgefühls für den »kleinen Mann« fort, der einer feindseligen Regierungsbürokratie schutzlos ausgeliefert ist, den herrschenden Mächten preisgegeben, leidend und hilfsbedürftig. Das spezifisch russische Phänomen der Intelligenzija verdankt gerade dieser großen Tradition der Liebe und des Respekts für den Menschen sehr viel.

Die Literatur nahm einen besonderen Platz im geistigen Leben Rußlands ein, und die Schriftsteller hatten enormen Einfluß auf das öffentliche Bewußtsein. Dostojewski, der im Jahre 1881 starb, war der prophetischste Schriftsteller des 19. Jahrhunderts, und seine Werke sind denen Shakespeares oder Rembrandts ebenbürtig. Er zeigte die innersten, dunkelsten Winkel der menschlichen Seele, enthüllte ihre guten und bösen Seiten, und daraus erwuchs sein berühmtes Motto »Sei demütig, stolzer Mensch!« Von seinen Zeitgenossen nicht vollends verstanden, rüttelte der Autor des *Idioten*, der *Dämonen* und der *Brüder Karamasow* beharrlich Gedanken und Gewissen auf und provozierte hitzige Diskussionen und gegensätzliche Meinungen. Viele bedeutende russische und ausländische Schriftsteller des 20. Jahrhunderts sind ihm verpflichtet.

Bis zu seinem Tod im Jahre 1910 blieb Graf Leo Tolstoi der leuchtendste Stern am literarischen Firmament. Über ihn sagte der Journalist und Verleger Alexei Suworin zu Beginn des Jahrhunderts: »Wir haben zwei Zaren: Nikolaus II. und Leo Tolstoi. Wer ist der mächtigere? Nikolaus II. kann Tolstoi nichts tun, er kann seinen Thron nicht erschüttern, während Tolstoi zweifellos den Thron Nikolaus' und seiner Dynastie erschüttert ... Es soll nur jemand Tolstoi anrühren – die ganze Welt wird aufschreien.« Bei einer Meinungsumfrage unter Petersburger Studenten im Jahre 1905 gaben 39 Prozent an, den größten Einfluß auf sie habe Leo Tolstoi ausgeübt – Tolstoi, der zu diesem Zeitpunkt vom Heiligen Synod der russisch-orthodoxen Kirche exkommuniziert worden war.

Die gesamte realistische Tradition der russischen Literatur des späten 19. und frühen 20. Jahrhunderts – als hervorragende Vertreter seien genannt Anton Tschechow, Wladimir Korolenko, Dmitri Grigorowitsch, Alexander Kuprin, Gleb Uspenski, Wikenti Weressajew und Iwan Bunin – stand unter dem Einfluß Dostojewskis und Tolstois.

Wie im Westen kamen auch in Rußland und besonders in Petersburg neben dem Realismus weitere Stilrichtungen der Moderne auf. Sie speisten sich aus einer neuen Weltsicht, einem beunruhigten und bangen Bewußtsein, das angesichts rapider Veränderung von wachsender, morbider Unsicherheit befallen wurde. »Die veraschenden Jahre«, wie Alexander Blok sie nannte, drückten mehreren Generationen, die sich als Kinder »Rußlands schrecklicher Jahre« betrachteten – ihren Stempel auf. In vielem an die philosophischen und ethischen Werke von Wladimir Solowjow, Nikolai Berdjajew und Wassili Rosanow anknüpfend, eroberte das künstlerische Denken neue Gipfel und suchte nach neuen Ausdrucksformen. Auf der Suche nach Identität wurde es von Analogien zwischen Rußland und Europa zugleich angezogen und abgestoßen. Neue Ideen fanden in den Werken von Waleri Brjussow, Konstantin Balmont, Alexander Blok, Andrei Bely (Pseudonym von Boris Bugajew), Anna Achmatowa, Fjodor Sologub (Pseudonym von Fjodor Teternikow), Sinaida Hippius, Dmitri Mereschkowski, Wjatscheslaw Iwanow und vielen anderen machtvollen Ausdruck.

Der Schriftsteller Alexander Iwanowitsch Kuprin. Um 1900

Der Schriftsteller Maxim Gorki. Um 1900

Der Schriftsteller Leonid Nikolajewitsch Andrejew. 1913
Leonid Andrejew schrieb: »Ich möchte nicht zum Opfer der Logik werden. Frei zu lieben, zu weinen und zu lachen – das ist das einzig Wahre. Heute bin ich Mystiker und Anarchist, und das ist gut so. Aber übermorgen möchte ich vielleicht vor der Iberischen Ikone beten und danach einen Kuchen mit einem Polizeioffizier teilen.«

Zur gleichen Zeit versammelte Maxim Gorki, der viele zur revolutionären Sache bekehrt hatte, neue proletarische Schriftsteller um sich, die die Tradition der Revolutionären Demokraten fortsetzten. Die »Muse der Vergeltung und des Leidens«, die diese Schriftsteller und Dichter inspirierte, wandelte auf den gleichen Straßen Petersburgs wie die »Schöne Dame« oder »Sophia« (das Symbol der modernen Dichtung), ja beide wurden sogar in den gleichen Häusern empfangen, und wenn sie sich auch für gewöhnlich auswichen, sahen sie sich doch manchmal in einen erbitterten Streit verwickelt. Beide Richtungen trugen – wie in einer Bachfuge – ihren Teil zum literarischen Prozeß bei.

Künstler mit ähnlichen ästhetischen und sozialen Ansichten scharten sich um Zeitschriften, die ihre Positionen angesichts der Verschärfung des politischen Kampfs mit äußerster Klarheit zu formulieren suchten. Neben den alteingesessenen Verlagshäusern wie Suworin, Marx und Stassjulewitsch boten die neuen Publikationen wie *Welt der Kunst*, *Neues Leben*, *Neuer Weg* und *Wissen* dem kulturellen Leben Petersburgs ein Forum.

Der russische Buchmarkt – noch um 1880 vergleichsweise klein – und namentlich die Hauptstadt wurde von einer wachsenden Bücher- und Zeitschriftenflut überschwemmt. Zu Beginn des 20. Jahrhunderts erschienen jedes vierte russische Periodikum (472 Zeitungen und Magazine im Jahre 1910) und beinahe ein Viertel aller Bücher in Petersburg. Liteiny- und Wladimirscher Prospekt sowie die Simeonsstraße wurden fast ausschließlich von Buchhandlungen und Bücherständen in Beschlag genommen und beeindruckten die Passanten mit einer verwirrenden Vielfalt neuer wie antiquarischer Bücher, Magazine, Alben und Drucke.

Um die Jahrhundertwende war die Tradition der Gespräche in kleinem Kreis, der Soireen und Salons mit ihren endlosen Diskussionen über Kunst und Leben, mit Musikdarbietungen, Gedichtrezitationen und Theateraufführungen noch genauso weit verbreitet und beliebt wie ein Jahrhundert zuvor. Bemerkenswerte Literatur- und Theaterabende fanden in Wjatscheslaw Iwanows »Turm« an der Ecke Taurische und Twerer Straße statt; im Salon von Sinaida Hippius und Dmitri Mereschkowski im Hause des Fürsten Murusi am Liteiny-Prospekt versammelte sich eine auserwählte Gesellschaft. Junge Dichter kamen zu Fjodor Sologubs »Areopag«; später veranstaltete er in seiner Wohnung auf der Rasjesschaja-Straße die sogenannten »Donnerstage«, die die Creme der Petersburger Schriftsteller und Künstler anlockten. Einen unerläßlichen Teil dieser Veranstaltungen bildeten Maskenbälle und intellektuelle Streitgespräche, an denen Leonid Andrejew, Alexei Tolstoi, Anna Achmatowa und die Schauspielerinnen Larissa Jaworskaja, Jelisaweta Time und Wera Jurenewa häufig teilnahmen. Hier hatte auch Igor Sewerjanin sein Debüt. Alexander Blok kam gelegentlich vorbei. Viele hervorragende Wissenschaftler und Künstler – etwa Wladimir Stassow, Fjodor Schaljapin, Dmitri Mendelejew, Wladimir Korolenko, Iwan Pawlow, Wladimir Bechterew, Wladimir Majakowski, Maxim Gorki und Isaak Brodski – trafen sich mittwochs in den »Penaten«, dem Landhaus des Malers Ilja Repin in Kuokkala am Finnischen Meerbusen. An Samstagen fand ein Salon bei der großen Schauspielerin Wera Komissarschewskaja statt, die im Jahre 1904 ihr eigenes Theater in der Passage eröffnet hatte.

Zu Beginn des 20. Jahrhunderts hatte das Theater bedeutende Veränderungen erlebt. Nach einem Aufschwung um die Jahrhundertmitte, der nicht zuletzt dem Bühnenautor Alexander Ostrowski zu verdanken war, nahmen die russischen Theater in zunehmendem Maße russische Stücke in ihr Repertoire auf. Seit dem frühen 20. Jahrhundert verband sich die Entwicklung des russischen Theaters mit dem Namen Anton Tschechows, der zusammen mit dem Bühnenregisseur Konstantin Stanislawski die Auffassungen vom Schauspiel grundlegend veränderte.

Die Suche nach neuen Wegen in der Kunst brachte eine Reihe neuer Theater hervor. Zu den traditionsreichen Häusern Marien- und Alexandratheater kamen das Komissarschewskaja-Dramentheater, das Neue Theater der Schauspielerin Larissa Jaworskaja, Alexei Suworins Kleines Theater, das Alte Theater – das zweimal eröffnet und wieder geschlossen wurde –, das Moderne Theater und die Privatbühne von K. N. Neslobin. Das Russische Schauspielhaus von A. K. Reineke befand sich im Gebäude des Panajewtheaters. Dazu kam eine Reihe kleiner Bühnen: das Troizki, das Liteiny, das Intime Theater, der »Zerrspiegel« und viele andere. Im Volkshaus Zar Nikolaus' II. auf der Petersburger Seite und im Volkshaus der Gräfin Panina auf der Ligowskaja fanden ebenfalls öffentliche Theateraufführungen statt.

Petersburgs Theaterwelt war untrennbar mit der Musik verknüpft, die in Rußland besonders dank Michail Glinka eine Blütezeit erlebte. Diese Tradition setzte sich im Schaffen der nächsten

Komponistengeneration, namentlich bei dem »mächtigen Häuflein« Mili Balakirew, Alexander Borodin, Modest Mussorgski und Nikolai Rimski-Korsakow, fort. Im späten 19. und frühen 20. Jahrhundert wurde die Tradition der russischen Musik von einer Reihe brillanter und sehr individueller Komponisten und Musiker aufgenommen und weiterentwickelt: beispielsweise von Anton Rubinstein, Alexander Glasunow, Anatoli Ljadow, Sergei Rachmaninow, Alexander Skrjabin, Igor Strawinsky, Anton Arenski, Nikolai Mjaskowski, Sergei Prokofjew und Boris Assafjew.

Das russische Ballett, das einen Teil der Musikgeschichte bildete, erlebte um die Jahrhundertwende einen Höhepunkt; viel zu verdanken hat es Pjotr Iljitsch Tschaikowski, der die Kluft zwischen Ballett und Symphonie verringerte und seinen Balletten Dramatik und psychologische Tiefe verlieh. *Dornröschen, Der Nußknacker* und *Schwanensee* zählen zu den Edelsteinen in der Geschichte des Balletts. Glasunow setzte Tschaikowskis Tradition fort; er schuf die Musik der klassischen Ballette *Raymonda, Ruses d'amour* und *Die Jahreszeiten,* die wie Tschaikowskis Ballette im berühmten Marientheater in der Choreographie von Marius Petipa aufgeführt wurden. Zu Beginn des 20. Jahrhunderts machten neue Choreographen von sich reden. Leo Iwanow, einer der begabtesten Ballettmeister, starb 1901; nach 56jähriger Tätigkeit verließ Marius Petipa im Jahre 1903 das Kaiserliche Ballett im Marientheater. Mit Alexander Gorski und Michail Michailowitsch Fokin – beide Absolventen der Kaiserlichen Ballettschule – fanden sie würdige Nachfolger. Die beiden wurden häufig von einem begeisterten Publikum bejubelt. Der stärkste Applaus jedoch galt den Ballerinen Mathilde Kschessinskaja, Olga Preobraschenskaja, Wera Trefilowa, Anna Pawlowa, Tamara Karsawina und vielen anderen.

Das Theater, besonders das Ballett, spielte eine große Rolle im Leben und in den mannigfaltigen Aktivitäten Sergei Diaghilews, eines der führenden Köpfe der Künstlervereinigung »Mir Iskusstwa« (Welt der Kunst). Er organisierte die berühmten »russischen Saisons« in Paris und anderen europäischen Hauptstädten. Seit dem ersten, überaus erfolgreichen Paris-Gastspiel der Ballets Russes im Jahre 1909 beherrschte das Ballett Diaghilews Leben. Er förderte nicht nur russische Ballettstars, sondern konnte auch viele Musiker, Künstler und Schriftsteller zur Mitarbeit gewinnen. Die russische Bühne selbst stand immer ausländischen Künstlern offen, und viele Berühmtheiten, insbesondere Opernsänger und Musiker, traten in Petersburg auf.

Petersburg, in dem sich alle Musen zu versammeln schienen, wirkte wie ein Magnet auf die schöpferischen Geister Rußlands. Schauspieler, Musiker, Komponisten, Schriftsteller, Dichter und Maler strömten in die Stadt, die selbst ein Meisterwerk darstellte und förmlich Kunst atmete. An der Akademie der Künste studierten Hunderte begabter Maler, deren Gemälde heute in Museen der ganzen Welt hängen.

In Petersburg entstand auch (1870) die demokratische Tradition der Wanderausstellungen, in denen die realistischen Gemälde der Mitglieder der »Gesellschaft für Wanderausstellungen« (Peredwischniki) präsentiert wurden. Und hier bildeten sich die ersten neuen Künstlervereinigungen und -gesellschaften, die die verknöcherte klassische Tradition ablehnten. Zu den in Petersburg tätigen Künstlern gehörten Iwan Schischkin, Nikolai Jaroschenko, Grigori Mjassojedow, Wladimir Makowski, Archip Kuindschi, Ilja Repin, Igor Grabar, Iwan Bilibin, Anna Ostroumowa-Lebedewa, Boris Kustodijew, Isaak Brodski, Nikolai Roerich, Alexander Benois, Léon Bakst, Konstantin Somow, Jewgeni Lanceray und Mstislaw Dobuschinski.

In dieser Atmosphäre allgemeinen Interesses an der Kunst wurde am 7. März 1898 im Michailpalais das »Russische Museum des Zaren Alexander III.« eröffnet (heute Russisches Museum). Zu dieser Zeit gab es in Petersburg insgesamt 48 Museen; allen voran die Eremitage mit ihrer großartigen Sammlung westeuropäischer und antiker Kunst, ferner das Zoologische Museum (von den Kindern heiß geliebt), das Schiffahrtsmuseum, das Bergbaumuseum, das Landwirtschaftliche Museum und andere; dazu kamen zahlreiche Ausstellungen.

Das Bild des kulturellen Lebens in der Stadt Petersburg wäre unvollständig ohne die beliebten Volksfeste, die eine lange Tradition hatten und bei den Stadtbewohnern (85 Prozent stammten aus Bauernstand und Kleinbürgertum) sehr beliebt waren. Anfangs fanden die Feste auf dem Admiralitätsplatz statt, später dann auf dem Marsfeld; sie zogen 60 000 bis 70 000 große und kleine Besucher an. »Von der Kettenbrücke und sogar schon von der Panteleimonstraße aus«, schrieb Dobuschinski in seinen Memoiren, »konnte ich durch die klare, frostige Luft fröhliches Stimmengewirr und ein ganzes Meer von Geräuschen hören – Sirenen, Pfeifengetriller, den schwermütigen Ton des Leierkastens, das Akkordeon, die Tamburine, Rufe; all das war so aufregend, daß ich mein Kindermädchen drängte, mich so schnell wie möglich dorthin zu bringen. Hinter den kahlen Bäumen des Sommergartens waren schon die Jahrmarktbuden zu sehen, große, gelbe Bretterbuden, die sich in zwei Reihen das ganze Marsfeld entlangzogen, und auf allen flatterten dreifarbige Fahnen. Hinter den Buden befanden sich Karussells und Eishügel, auch mit Fähnchen obendrauf.« Wegen des Massenandrangs und

Das Volkshaus Zar Nikolaus' II. im Alexanderpark auf der Petersburger Seite. 1913
Das Volkshaus war ein großes Steingebäude, an das sich auf der Parkseite eine Terrasse anschloß. Dazu gehörten Pavillons mit kleinen Freilichtbühnen, Teestuben und Garküchen. Im Opernsaal fanden Aufführungen mit Stars wie Fjodor Schaljapin und Witali Sobinow statt, auf den Bühnen und kleinen Podesten konnte man Pantomimen, dressierte Tiere, Zauberer und Akrobaten sehen.

Der Choreograph und Tanzpädagoge Marius Iwanowitsch Petipa. Um 1890

Die Komponisten Anatoli Ljadow, Alexander Glasunow und Nikolai Rimski-Korsakow. 1907
Nikolai Rimski-Korsakow, ein Mitglied des »mächtigen Häufleins« – einer Gruppe russischer Komponisten, 1862 entstanden und von Mili Balakirew angeführt – ist hier mit seinen besten Schülern zu sehen: dem Dirigenten, Pädagogen und Musiker Alexander Glasunow, seit 1905 Direktor des Petersburger Konservatoriums, und dem Meister musikalischer Miniaturen, dem Dirigenten und Pädagogen Anatoli Ljadow.

des Mülls, der in der Innenstadt zurückblieb, wurden die Feste 1897 aus der Stadtmitte zunächst auf den Preobraschenskischen und ein Jahr später auf den Semjonowskischen Exerzierplatz verlegt. Während der Fastnachtszeit und zu Ostern fanden beliebte Theater- oder Zirkusvorstellungen statt, und es gab Attraktionen wie die Berg-und-Tal-Bahn oder die »Transvaal-Eisfestung«, Possenspiele, Karussells, Schießbuden, Kirmesbuden und Tiere in Käfigen.

Neben solchen Vergnügungen spielte der Sport in der Freizeit eine immer größere Rolle. Gegen Ende der fünfziger Jahre des 19. Jahrhunderts wurde am Taurischen Garten eine Schlittschuhbahn für die oberen Zehntausend gebaut. Kurz darauf öffnete die erste öffentliche Schlittschuhbahn im Jussupowgarten an der Gartenstraße ihre Pforten. Fürst Wladimir Meschtscherski berichtete über die neue Mode: »Ältere Männer und Frauen, Kinder und Erwachsene wurden ganz verrückt danach, Schlittschuhe zu kaufen, sie anzuziehen, zum Taurischen Garten zu laufen, zwanzigmal in der Minute hinzufallen usw.« Regelmäßige Sportwettkämpfe im Eisschnellauf (seit 1889) und im Eiskunstlauf (seit 1897), bei denen Nikolai Panin-Kolomenkin, der erste russische Olympiasieger, glänzte, trugen zur Beliebtheit des Schlittschuhsports bei und ebneten einer neuen Sportart den Weg: dem Eishockey.

Die Freizeitaktivitäten wurden von den neuesten technischen Entwicklungen stark beeinflußt. Im Mai 1896 konnte man in Petersburg erstmals »lebende Bilder« – diese wundervolle Erfindung der Franzosen und Amerikaner – bewundern. Zu diesem Zeitpunkt vermutete wohl kaum jemand, daß das Kino schon bald die ganze Welt erobern und mit dem Theater konkurrieren würde. In ganz Petersburg schossen Filmtheater aus dem Boden, und bald gab es kaum noch eine Straße ohne funkelnde Leuchtreklamen, die zum Besuch der Komödien von Max Linder oder der Dramen mit Francesco Bartini einluden. Unwiderstehliche Schauerfilme wie *Die nackte Herrin, In den Armen des Verführers* und *In der Gewalt des Schurken* lockten das Publikum von den Attraktionen vergangener Tage, den Zirkusringern und Schwertschluckern, fort.

Das bei den Wohlhabenden so beliebte Reiten wich nach und nach schnelleren Fortbewegungsarten – dem Fahrrad- und dem Autofahren. Bald waren Ledergamaschen und Schutzbrille die prestigereichsten Accessoires eines modernen jungen Mannes; und die Pferderennen, die früher nur den Leidenschaften in Spielkasinos vergleichbare Gefühle geweckt hatten, machten Platz für tollkühne Piloten, die Herz und Seele der Menschen eroberten.

Leo Uspenski beschrieb den 4. Mai/21. April 1910, als er auf der Rennbahn in Kolomjagi einer Flugvorführung beiwohnte: »Ob wir 100 000 oder 80 000 waren, weiß ich nicht. Aber wie aus einem Mund riefen wir alle: ›Es fliegt, großer Gott, es fliegt!‹ Das Ganze dauerte nur ein paar Sekunden, höchstens eine oder zwei Minuten. Die Naturkräfte gewannen wieder die Oberhand über den menschlichen Genius – vorerst! Im Handumdrehen waren die Absperrungen und die Polizei beiseite geschoben. Zehntausende von Menschen überrannten mit wildem Freudengeheul die Wachposten, stürmten über das feuchte Frühlingsgras, und alles wurde von dieser schreienden, applaudierenden Masse mitgerissen: die Bodencrew, eine Handvoll Franzosen, russische Mitglieder des Luftschiffahrtsklubs, aufgeputzte Damen, Taschendiebe, die das Publikum den ganzen Tag über um die Geldbörsen erleichtert hatten, Polizeispitzel, Händler mit Eßwaren. Alle stürzten zu der Stelle, wo er, nicht wissend, wie ihm geschah, bald aus der kleinen, badewannenähnlichen Flugzeuggondel sprang, bald sich erschrocken wieder hineindrückte – Monsieur Hubert Latam in Person.«

Obwohl viele Aeroplan- und Ballonflüge tragisch endeten und die Zeitungen über vermißte Besatzungsmitglieder und Passagiere berichteten, waren die Menschen begierig auf neue Herausforderungen und Triumphe. Weder politische Konflikte und soziale Umwälzungen noch Vorahnungen einer Katastrophe können das Leben anhalten oder den Menschen von seiner Suche nach der Zukunft abschrecken.

Der Dichter Alexander Alexandrowitsch Blok. Anfang des 20. Jh.s
»Sein Genius, der die Weite und Kraft Puschkinscher Harmonie besaß, umfaßte alle nur denkbaren Möglichkeiten der russischen Dichtung, in der seine Stimme ein Jahrzehnt lang die stärkste war.«
Tizian Tabidse

Der zukünftige Schriftsteller Vladimir Nabokov mit seiner Mutter Jelena Iwanowna. 1908
»Außerdem möchte ich die Behauptung unterbreiten, daß russische Kinder meiner Generation in der Fähigkeit, Eindrücke in sich aufzunehmen und aufzubewahren, eine Periode der Genialität durchmachten, so, als versuchte ein wohlgesonnenes Schicksal angesichts des kataklysmischen Umsturzes, der die ihnen bekannte Welt vollständig auslöschen sollte, für sie soviel wie nur möglich zu tun und ihnen mehr zu schenken, als ihnen eigentlich zustand. [. . .]
Weder in meiner Umwelt noch in meinem Erbe vermag ich mit Sicherheit das Werkzeug zu sehen, das mich formte, jene anonyme Walze, die meinem Leben ein bestimmtes kunstvolles Wasserzeichen aufdrückte, dessen einzigartiges Muster zum Vorschein kommt, wenn man das Schreibpapier des Lebens mit der Lampe der Kunst durchleuchtet.«
Vladimir Nabokov

Die Dichterin Sinaida Hippius, der Kritiker und Journalist Dmitri Filossofow und der Schriftsteller, Literaturwissenschaftler und Philosoph Dmitri Mereschkowski. Um 1900

Der Schriftsteller Fjodor Kusmitsch Sologub (Teternikow) mit seiner Frau Anastasia Tschebotarewskaja. 1913
»Die Menschen lieben es, geliebt zu werden. Sie schätzen edle und erhabene Seelen. Selbst bei Schurken bestehen sie darauf, einen kleinen Schimmer des Guten zu sehen. [...] Deshalb sind sie so ungläubig, wenn man ihnen ein starkes, treffendes, unheilvolles und böses Bild präsentiert. Sie möchten dann sagen: ›Er beschreibt sich selbst.‹ Keineswegs, meine lieben Zeitgenossen, mein Roman *Der kleine Teufel* handelt von Ihnen.
Dieser Roman ist ein kunstvoll angefertigter Spiegel [...]. Ich habe ihn mehrmals vermessen und gründlich geprüft, und er hat keinerlei Krümmung. Er spiegelt das Häßliche mit der gleichen Präzision wie das Schöne.« *Fjodor Sologub*

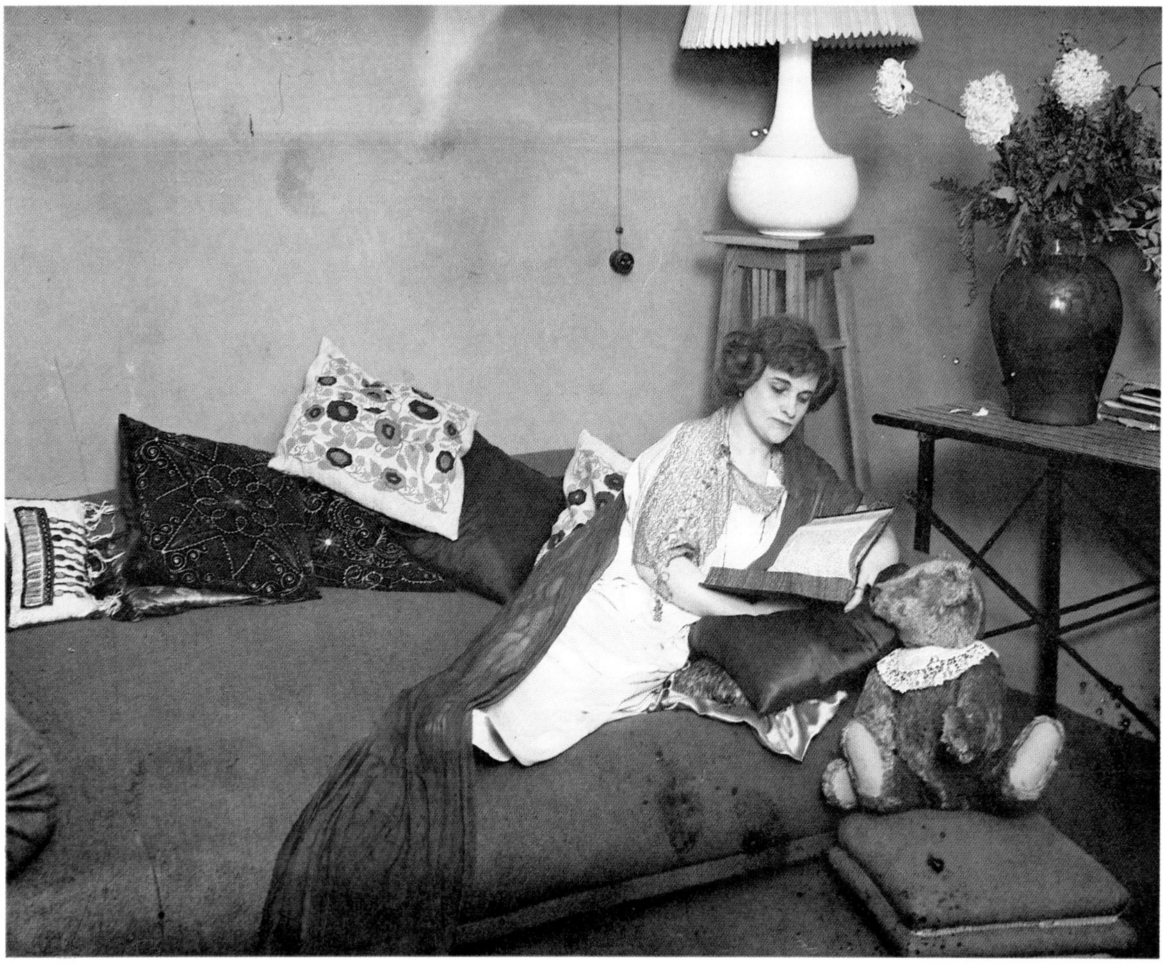

Die Schriftstellerin Nadeschda Teffi (geb. Lochwizkaja, verh. Butschinskaja). Um 1900

Oben:
Der Komponist Pjotr Iljitsch Tschaikowski. Um 1890

Gegenüber:
Wassili Wassiljewitsch Andrejew, Gründer und Leiter des ersten Orchesters für russische Volksmusik. 1913

ДОБРОМУ ТОВАРИЩУ
КОМИТЕТЪ
ВЫСШИХЪ ЖЕНСКИХЪ КУРСОВЪ

Der weltberühmte Baß Fjodor Schaljapin bei einer Gesangsdarbietung im Salon von Wladimir Stassow (in der Mitte, sitzend), dem Kunst- und Musikkritiker. Unter den Gästen führende Köpfe der russischen Kultur: Nikolai Rimski-Korsakow, Alexander Glasunow, Cesar Cui, Maria Sawina, um nur einige zu nennen.

Oben:
Die Primaballerina Mathilde Felixowna Kschessinskaja. 1914
Alexander Benois' autoritatives Urteil lautete: »Was tänzerische Fähigkeiten angeht, konnte man sich nichts Besseres wünschen als diesen Stern allerersten Ranges, dessen unser Ballett sich rühmte. O. O. Preobraschenskaja, die Trefilowa und die Sedowa wurden auch weiterhin und zu Recht vom Publikum verehrt, aber die Kschessinskaja hatte einen ganz unverwechselbaren, brillanten Stil.«

Unten:
Die Ballerina Tamara Platonowna Karsawina. Um 1910
Tochter eines bekannten Petersburger Tänzers und Pädagogen, gehörte Tamara Karsawina von 1902 bis 1918 dem Marientheater in Petersburg an; in den Jahren 1909 bis 1929 trat sie bei den »russischen Saisons« mit Diaghilews Ballets Russes auf. Sie heiratete einen Engländer und verließ Rußland im Jahre 1918. Von 1930 bis 1955 war sie Vizepräsidentin der Royal Dance Academy in London. Zu ihren Partnern zählten Michail Fokin und Wazlaw Nischinski (Nijinsky). Alexander Wertinski, der sie im Ausland traf, erinnerte sich: »Die Deutschen nannten sie ›die Karsawina‹, wie sie es nur bei den wirklich großen Namen tun, die eher zu einem Phänomen als zu einer bestimmten Person zu gehören scheinen.«

Gegenüber:
Die Ballerina Anna Pawlowa. Anfang des 20. Jh.s
»Anna Pawlowa suchte nie mit ihrer Technik zu beeindrucken«, schrieb Sergei Makowski. »Sie verzauberte mit ihrer Inspiration [...]. Man wollte seine Augen an ihr weiden, vergaß alle Regeln des Tanzes und wurde vom Zauber ihres wunderbaren Talents hinweggetragen.«

Gegenüber:
Die Schauspielerin Wera Fjodorowna Komissarschewskaja. Um 1900
»Die Komissarschewskaja ist eine wundervolle Schauspielerin«, schrieb Anton Tschechow in einem Brief an Anatoli Koni. »Während einer Probe stiegen vielen die Tränen in die Augen, und man sagte, sie sei die beste Schauspielerin im heutigen Rußland.«

Rechts:
Anastasia Dmitrijewna Wjalzewa, Interpretin von Zigeunerliedern. 1909

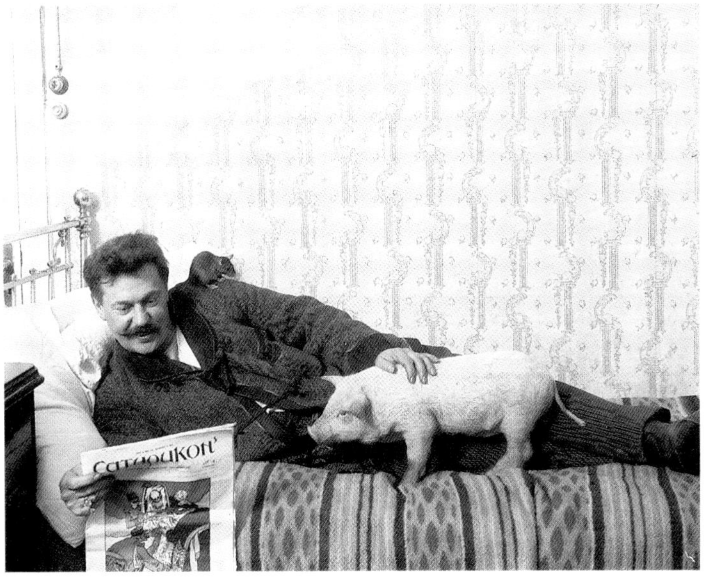

Links:
Probe im Zirkus Ciniselli. Um 1910

Oben:
Interview mit einem Ringkämpfer. 1912

Mitte:
Der Dresseur Wladimir Leonidowitsch Durow. 1911
Der Dresseur Wladimir Durow – auch als Clown tätig und für seinen überaus sanften Umgang mit den Tieren bekannt – gilt zusammen mit seinem Bruder Anatoli als Begründer der russischen Dressurschule.

1820
1890
LISH LIBRARY.
НИЖНЫЙ МАГАЗИНЪ
J. FIETTA
В. КЕНИГЪ

Gegenüber:
Fassade des Gebäudes der Gesellschaft zur Förderung der Künste. Bolschaja Morskaja Nr. 38. 1912
Die Gesellschaft zur Förderung der Künste unterhielt auch eine Zeichenschule, deren Direktor Nikolai Roerich war. Ihm gelang es, die begabten Künstler und Architekten Wassili Mathé, Iwan Bilibin, Nikolai Samokisch, Wladimir Schtschuko und Alexei Schtschussew zur Mitarbeit zu gewinnen.

Nikolai Konstantinowitsch Roerich, Künstler, Wissenschaftler und Philosoph. Um 1910
»Die Technik seiner Öl- und besonders Temperagemälde war ausgesprochen solide und vollendet, aber seine Kunst stand abseits der ›Welt der Kunst‹. Roerich war allen ein Rätsel.«
Mstislaw Dobuschinski

Michail Petrowitsch Botkin, Mitglied der Akademie der Künste. 1913

Der Bildhauer Amandus Adamson. 1913
Amandus Adamson schuf die Bronzeverzierungen für das von dem Architekten P. J. Sjusor entworfene, zwischen 1902 und 1904 erbaute Geschäftsgebäude der Firma Singer (Newski-Prospekt Nr. 28). Adamson entwarf auch den plastischen Schmuck der Dreifaltigkeitsbrücke.

Der Maler und Graphiker Konstantin Andrejewitsch Somow. Um 1910
Um die Zeitschrift *Welt der Kunst* (1899–1904), die sich zur Anwältin neuer Formen in der Kunst machte, scharten sich hervorragende Künstler, darunter Alexander Benois, Léon Bakst, Jewgeni Lanceray, Nikolai Roerich, Walentin Serow, Michail Nesterow, Michail Wrubel, Konstantin Korowin und Isaak Lewitan. Über Somow, Mitbegründer der Zeitschrift und künstlerischer Gestalter, schrieb Mstislaw Dobuschinski: »Die außerordentliche Intimität seiner Werke, seine geheimnisvolle Bildwelt, sein Sinn für melancholischen Humor und der hoffmanneske Romantizismus, dem er sich verschrieb, rührten mich im Innersten an und ließen mich einen Blick in eine fremde Welt werfen, die meinen vagen Sehnsüchten verwandt war.«

V. l. n. r.: der Schriftsteller Kornei Iwanowitsch Tschukowski (N.W. Korneitschukow), der Künstler Ilja Jefimowitsch Repin, Natalja Borissowna Nordman-Sewerowa, Lidija Kornejewna Tschukowskaja in Repins Landhaus »Penaten« in Kuokkala. 1910
Kornei Tschukowski war in den »Penaten« des berühmten realistischen Malers Ilja Repin häufig zu Gast. Zu dieser Photographie weiß er zu berichten: »Er [Repin] haßte Filossofow und Benois, zwei Mitarbeiter der *Welt der Kunst,* erbittert, und als der Photograph Bulla an Tolstois Todestag eine Aufnahme machte, auf der Repin mit einer schwarz umrandeten Ausgabe der *Retsch* [Rede] in den Händen zu sehen war, verbot Repin, das Photo zu zeigen, weil der ihm verhaßte Filossofow Mitarbeiter der *Retsch* war.«

Alexander Alexandrowitsch Alechin, der zukünftige Schachweltmeister. 1909
»Wir sind Zeugen eines Wunders und eines Mysteriums«, schrieb der Großmeister S. Tartakower. »Die Verheißungen und Hoffnungen des großen Tschigorin werden endlich wahr. Wenn Morphy der Poet des Schachs war und Steinitz der Kämpfer, Lasker der Philosoph und Capablanca eine Wundermaschine, so erweist sich Alechin im Einklang mit dem immer suchenden, gequälten russischen Geist mehr und mehr als jemand, der im Schach nach der Wahrheit sucht.« Laut Großmeister Salo Flor war Alechin »das absolute Ideal, das in allen Phasen des Spiels gleichermaßen brillierte«.

Gegenüber:
St. Petersburger Schachklub. Newski-Prospekt Nr. 53. Anfang des 20. Jh.s
Das Interesse am Schach war im Petersburg der Jahrhundertwende ungeheuer groß. Fast alle Lehranstalten, Schulen und größeren Betriebe der Stadt hatten einen Schachklub.

Oben links:
Der Photograph Karl Karlowitsch Bulla. 1904–1906
»Der erfahrene Photograph und Illustrator K.K. Bulla, Newski-Prospekt Nr. 54, Petersburg, liefert aktuelle Aufnahmen für illustrierte Magazine und photographiert alles, was Sie wünschen, überall, unabhängig von Gelände oder Räumlichkeiten und zu jeder Tages- und Nachtzeit, da mit künstlicher Beleuchtung gearbeitet werden kann.« So inserierte der berühmte Petersburger Photograph Karl Bulla in Zeitungen. Er war als Zwölfjähriger in die Hauptstadt gekommen, stieg vom bescheidenen Gehilfen zum offiziellen Hofphotographen Seiner Kaiserlichen Majestät auf und bildete eine ganze Dynastie hervorragender Photographen aus. Die meisten Aufnahmen dieses Bildbandes stammen aus seinem Atelier.

Obcn Mitte:
Ausstellung von Karl Bullas Werken. 1912

Oben:
Blick in ein Photogeschäft. Um 1900

Unten:
Eine Gruppe Photographen unterwegs. Krasnoje Selo. 1902

Zentrale Baron-Stieglitz-Schule für technisches Zeichnen, großer Saal des Museums. Salzgasse Nr. 9. 1904
Die Zentrale Schule für technisches Zeichnen, deren Ziel in der Verbesserung der Industrieästhetik lag, war 1879 mit Geldmitteln des Barons Alexander Stieglitz gegründet worden. Zum Lehrangebot gehörten u. a. folgende Bereiche: Majolika, dekorative Malerei, Radierung, Zeichnen nach der Natur, Drucke, Porzellan- und Stoffmalerei, Polsterei.

Folgende Seiten:
Schwimmende Ausstellung der Kaiserlichen Russischen Feuerwehrgesellschaft am Schloßkai. Um 1910

ПЕРВЕНЕЦЪ

Links:

Räume des Palais Katharinenhof (nicht erhalten). 1903

Das Palais Katharinenhof (benannt nach der zweiten Gattin Peters des Großen) wurde im Jahre 1711 zusammen mit einem Park angelegt. Katharinenhof sollte an den am 12./1. Mai 1703 über die Schweden erfochtenen Sieg erinnern; zwei schwedische Schiffe waren damals in der Mündung der Fontanka aufgebracht worden. 1740 erhielt das Palais eine zweite Etage; später dienten 21 Räume als Museum.

Oben:

Blick auf das Palais Katharinenhof (nicht erhalten). Um 1900

Gegenüber:
Berg-und-Tal-Bahn auf dem Marsfeld. 1895

Oben:
Karussell auf dem Marsfeld. Um 1890

Unten:
Rollschuhläufer auf der Rollschuhbahn (nicht erhalten) des Marsfeldes. 1911
Im Jahre 1910 wurden zwei Rollschuhbahnen angelegt, eine auf dem Marsfeld, die andere am Steininselprospekt.

Pferderennen auf dem Semjonowskischen Exerzierplatz. 1910
Die Geschichte dieses Platzes ist eng mit dem ältesten Garderegiment Rußlands verbunden, dem Semjonowskischen Regiment, das an allen Palastrevolten des 18. Jahrhunderts beteiligt war. Bereits im Jahre 1739 gewährte Zarin Anna Iwanowna dem Regiment ein ausgedehntes Gelände »jenseits der Fontanka«. Die 1860 gegründete »Gesellschaft der Freunde des winterlichen Pferdesports« (nach 1903 »Kaiserliche St. Petersburger Gesellschaft zur Förderung der Rennpferdzucht«) legte im östlichen Bereich des Geländes eine Rennbahn an. Das erste Rennen fand am 9. Januar 1881/28. Dezember 1880 statt. Ab 1884 gab es hier auch Radrennen, ab 1893 Fußballspiele.
Außer dieser sportlichen Geschichte hat der Platz jedoch noch eine andere, die sehr viel enger mit der Geschichte Rußlands verbunden ist, allerdings auf tragische Weise: Im 19. Jahrhundert wurden hier viele mutige Revolutionäre, die die Autokratie herausgefordert hatten, exekutiert. Im Jahre 1849 war der Ort Schauplatz jener grausamen Veranstaltung, bei der man eine Gruppe verurteilter Sozialisten des Petraschewskikreises – darunter Fjodor Dostojewski – bis zur letzten Minute in dem Glauben ließ, sie würden erschossen.
Im Jahre 1881 wurden die Revolutionäre des »Volkswillens«, die Alexander II. getötet hatten, hier hingerichtet. Unter ihnen war auch eine Frau, Sofja Perowskaja. Die Hinrichtung hat wahrscheinlich im westlichen Bereich des Platzes stattgefunden, da sich auf dem Ostteil bereits die Pferderennbahn befand.

Gegenüber, oben:
Luftfahrtwoche auf der Rennbahn in Kolomjagi. Der Pilot Bulganow (mit Helm) und der Ingenieur Ja. M. Gikkel (sitzend). April–Mai 1910

Gegenüber, unten:
Eines der ersten Petersburger Eishockeyteams nach einem Spiel auf dem Marsfeld. 1913

Oben:
Radfahrer auf einem dreisitzigen Fahrrad. Um 1900

Unten:
Rennfahrer am Stadtrand von Petersburg. Um 1910

Oben:
Elegante Petersburgerinnen. Um 1900

Ball im Hause der Gräfin Schuwalowa. Um 1900

111.
Г.Н.ГУСЕ
ИСКОЕ
ЬЯ
ОСТИННИЦА

Prozession beim Apraxin Dwor. 1912

Spaziergänger am Schloßkai. Anfang des 20. Jh.s

Abschied von St. Petersburg: Soldaten vor der Fahrt an die Front, in den letzten, schicksalhaften Krieg des Reiches. 1914

Alle großen Reiche wurden letztendlich von Problemen, die sie nicht lösen konnten, ausgehöhlt, von inneren Unruhen erschüttert und zerbrachen schließlich – oft während eines Krieges. Die ersten Dekaden des 20. Jahrhunderts und besonders die Jahre des ersten Weltkriegs sahen den Untergang von vier großen Reichen: des Deutschen Reiches, Österreich-Ungarns, des Osmanischen und des Russischen Reiches. Die große Stadt an der Newa trat in ein neues Zeitalter ein.